AF235293

Thomas Oetzmann
Herausgeber dieses Buches und erfahrener Personal-Coach,
der mit Leidenschaft Menschen in Veränderungsphasen des
Lebens begleitet. Die LEBENSTEPPICH-Methode entwickelte er
auf der Suche nach einem Tool, das Klienten hilft, ihre Gaben
neu zu entdecken und für die Zukunft nutzbar zu machen. Er
schöpft dabei aus seiner Erfahrung als Manager eines internationalen Handelskonzerns sowie seiner Expertise und seinem
christlichen Glauben.

Andreas Odrich
Autor dieses Buches und langjähriger Radiojournalist, der
unzählige Interviews geführt hat, mit Menschen, die etwas bewegen und erreichen wollen. Er sagt: Jeder Mensch hat ganz
besondere Gaben, die ihn einzigartig machen und auf die er
aufbauen kann. Das LEBENSTEPPICH-Konzept begeistert ihn,
weil es Menschen dabei hilft, gerade in Umbruchsituationen
auf diese Gaben zu vertrauen und ohne Spezialkenntnisse
sofort daran anknüpfen zu können.

Thomas Oetzmann (Hrsg.)
Andreas Odrich

Der
LEBENS
TEPPICH
So geht Zukunft

Wir veröffentlichen dieses Buch ohne Gendersternchen, Neutralisierung, Binnen-I oder andere Formen der genderneutralen Sprache. Dies ist keine Ablehnung der Idee, zwischen allen Menschen eine Chancengleichheit herzustellen. Diese sehen wir auch in unserer Gesellschaft noch lange nicht erreicht. Die These dieses Buches ist es ja gerade, dass jeder Mensch wertvoll ist und einzigartige Gaben besitzt, die entfaltet werden wollen. Allerdings glauben wir, dass eine Verkünstlichung der Sprache diese Probleme nicht lösen wird, sondern nur aktives Handeln. Daher nutzen wir für den Lesefluss an vielen Stellen die männliche und weibliche Form, an anderen Stellen nur die männliche oder nur die weibliche Form. Ob Bundeskanzlerin oder Krankenpfleger – für uns ist nicht das Geschlecht entscheidend, sondern der Mensch an sich, der diese Aufgabe wahrnimmt und gestaltet.

Bibliografische Information der Deutschen Nationalbibliothek:
Die Deutsche Nationalbibliothek verzeichnet diese Publikation
in der Deutschen Nationalbibliografie; detaillierte bibliografische
Daten sind im Internet über dnb.dnb.de abrufbar.

© 2020 Oetzmann International GmbH, Salzstrasse 1, 21335 Lüneburg

Herstellung und Verlag: BoD – Books on Demand, Norderstedt

Gestaltung und Satz: Tabea Wippermann, acht ideen, Dortmund

ISBN: 978-3-7519-9584-9

INHALT

VORWORT

Chancen entdecken, das Leben anpacken, Veränderung wagen. Das wollen Menschen, die an einem Lebensteppichseminar teilnehmen. Gemeinsam ist ihnen ein positives Grundgefühl und die Freude an Gestaltung. Mit emotionaler Stabilität und Offenheit für Neues liegen sie laut einer Studie der Universität Heidelberg zum Lebensteppichprojekt[1] deutlich im oberen Bereich der Abfrage.

Vom Alter her gehören sie im Kern zu den Menschen um die 40 und um die 60 Jahre. Doch auch Jüngere und sogar Ältere gehören dazu. In Fokus ihres Interesses: berufliche Veränderung, Weiterbildung, Suche nach einem tieferen Sinn im Leben. Die jüngeren Jahrgänge stehen vor der Frage, wie sie sich angesichts der unendlich scheinenden Möglichkeiten nicht verzetteln, sondern fokussieren. Die mittleren Jahrgänge haben das Bedürfnis, noch einmal neu durchzustarten und ihrem Leben einen besonderen Akzent zu geben. Und dann sind da schließlich die 60-Jährigen, die zu einer Generation gehören, die gesundheitlich und leistungsmäßig in eine menschheitsgeschichtlich neue Dimension vorstößt; anders als unsere Vorfahren können sie dank des medizinischen Fortschritts noch einmal im angemessenen Rahmen neue Betätigungsfelder finden, sich ehrenamtlich einbringen oder eine kleine Selbständigkeit aufbauen.

Doch vieles, was dafür hilfreich wäre, ist im Alltag untergegangen und in den Gedächtnisschubladen ganz nach unten

---

1 Institut für Alternsforschung, Universität Heidelberg, Prof. Dr. Cornelia Wrzus: »Coaching mit dem Lebensteppich«, Heidelberg 2020 (bei Redaktionsschluss noch nicht veröffentlicht)

7

gerutscht: das Wissen um die eigenen Gaben, Erkenntnisse und Fähigkeiten. Das ist schade, denn wo könnte man besser anknüpfen als an den guten Energien, die in einem selbst ruhen; buchstäblich zum Greifen nahe. Die Erfahrung mit dem Lebensteppichkonzept zeigt, dass sie relativ rasch aktiviert werden können, wenn sich die Menschen folgende Grundfragen stellen: Was kann ich, was wurde mir in die Wiege gelegt, womit und wie habe ich Herausforderungen gemeistert? Die Antworten tragen die Teilnehmerinnen und Teilnehmer in Form von kleinen Symbolen auf einem Teppichvlies ein, das ausgebreitet vor ihnen liegt, und ihren bisherigen und künftigen Lebensweg darstellt.

Im ersten Teil des Seminars halten sie Rückschau und rufen sich ins Bewusstsein, mit welchen Gaben, Fähigkeiten und Erkenntnissen sie bisher ausgestattet wurden. Der zweite Teil ist dann dem Blick nach vorne gewidmet und der Fragestellung, welche Schritte die nächsten sein könnten. Oft ergeben sich diese dann ganz natürlich und fast selbstverständlich wie kleine Aha-Erlebnisse.

Viele Teilnehmerinnen und Teilnehmer empfinden dadurch neue Dankbarkeit, auch wenn ihr Lebensweg nicht immer auf Rosen gebettet war.

Manche packen die Dinge nach einem Lebensteppichseminar einfach anders und selbstbewusster an als vorher. Andere besuchen eine Fortbildung, um ihre Kenntnisse zu vertiefen. Dritte wechseln sogar ihren Beruf, weil sie noch einmal ganz andere Gaben als bisher einbringen wollen. Wieder andere geben ihrem Privatleben neuen Schwung – als Einzelpersonen aber auch mit dem Partner oder der Partnerin.

Alles kann, nichts muss. Auch das ist ein wichtiges Element des Lebensteppichkonzepts. Es gibt kein richtig oder falsch als Lösung. Hinter dem Lebensteppichkonzept steckt keine Ideo-

8

logie. Es ist einfach eine freundliche, kleine Hilfestellung, eine Gedankenreise, die die Weichen neu stellen kann.

> Ein wesentliches Ziel des Lebensteppichs ist es, dass die Teilnehmer frei werden, ihr eigenes Leben zu leben, und nicht das Leben, das andere für sie vorgesehen haben. Sie sollen ihre Gaben anwenden und ausleben dürfen und nicht die Normen und Wünsche, die von außen an sie herangetragen werden, erfüllen.

Denn in den meisten schlummert ein viel größeres Potenzial, als sie glauben oder sich selbst zutrauen. Wie bei einem Rohdiamanten gilt es, diese Gaben freizulegen und durch Polieren in Form zu bringen.

1

DER UMBRUCH IST DAS NORMALE

Was haben Oscar (35), Sabine (37), Kerstin (45 Jahre), Christoph (46), Michael (59) und Siegfried (65) gemeinsam? Sie alle stehen in Umbruchphasen ihres Lebens. Als Millenials (wie Oscar und Sabine), als Generation X, auch Generation Golf genannt (wie Kerstin und Christoph), und als Babyboomer (wie Michael und Siegfried). Alle suchen sie nach Chancen, ihr Leben aktiv zu gestalten und weiterzuentwickeln. Deshalb haben sie an einem Lebensteppichseminar teilgenommen[2]. Sie haben jeder für sich ihren Lebensteppich vor sich ausgerollt, Muster und Linien ihrer jeweiligen Biografie angeschaut und Symbole eingetragen für all das Gute, das sie im Leben in Form von Gaben und Erfolgen geschenkt bekommen haben. Auch Menschen, mit denen sie gerne unterwegs waren, haben einen Platz in ihrem Lebensteppich bekommen. Was für ein Schatz. Und was für eine Grundlage, um daran anzuknüpfen. Im Gruppengespräch, das danach stattfindet (in dem jeder nur das preisgibt, was er wirklich nach außen tragen will), wird schnell deutlich, welch unterschiedliche Biographien die Teilnehmerinnen und Teilnehmer der Seminare haben. Aber auch, wie jeder aus dem Erarbeiteten individuelle

---

2 Aus Gründen des Persönlichkeitsschutzes nennen wir nur Vornamen und Alter.

Schritte für sich entwickeln kann, die in die Zukunft führen. Was sie eint, ist der Wunsch nach Veränderung und Weiterentwicklung, und zwar bei 80 % der Seminarteilnehmer, wie die Studie aus Heidelberg zeigt.

Coaching-Gründe

■ Berufliche Veränderung (35 %)
■ Berentung (13 %)
■ Partner & andere Personen (6 %)
■ Sinnsuche (20 %)
■ eigene Weiterbildung (26 %)

Kerstin: 16 Jahre Vollzeitmama – 16 Jahre Managementerfahrung

Vollzeitmama – 16 Jahre lang hat Kerstin aus Solingen diese Rolle ausgefüllt, nicht gezwungenermaßen, sondern ganz bewusst. Mit viel Liebe hat sie dafür gesorgt, dass ihre Kinder den Schritt ins Leben fanden und sich entwickeln und entfalten konnten. Dabei hat Kerstin alle Höhen und Tiefen durchlebt, die eine Familie mit sich bringt. Schwangerschaft, Geburt, erste Schrittchen auf wackligen Kinderbeinchen begleiten, als Krankenschwester bei Masern und Röteln am Bett ausharren und nicht zur Party gehen, Schule, pädagogische Diskussionen mit den Lehrern, Stress mit der manchmal mehr als quirligen »Bande«, Streitschlichter, wenn jemand mit einem blauen Auge nach Hause kam. Aber auch die vielen schönen Momente – das erste

12

Wort aus Kindermund, das erste Bild mit den berühmten Kopffüßlern, trotz verschmierter Kinderhände ein Eis genießen und die Spielenachmittage im verregneten Sommerurlaub, bei dem alle versuchten, irgendwie das Beste aus der Situation herauszuholen.

16 Jahre Lebenserfahrung. 16 Jahre alles auf die Reihe bekommen. Nicht von ungefähr hat ein großes deutschlandweites Unternehmen das Leben einer Mutter mit der Leitung eines mittelständischen Familienunternehmens verglichen: mal gewinnen, mal verlieren, mal zutiefst erschöpft und frustriert sein, dann aber auch wieder voller Optimismus, Lebensfreude und Gottvertrauen. Leben eben. Kerstin ist darin im besten Sinne routiniert und eingeübt. Doch jetzt brauchen die nunmehr fast erwachsenen Teenager die Mutter nicht mehr, naturgemäß sind sie sogar froh, wenn Mama nicht die ganze Zeit zu Hause weilt und den Kontrollfreak gibt.

Und Kerstin? Die berichtet davon, dass in den 16 Jahren »viele Träume und Pläne verschüttet« wurden. Kerstin möchte sie wieder wecken und mit neuem Leben füllen. Nicht weil sie verbittert ist, sondern weil jetzt ein neuer Lebensabschnitt die Möglichkeit bietet, neue Räume zu erobern und auszufüllen. Sie ist »dankbar, das Lebensteppichseminar gemacht zu haben.« Es habe ihr im wahrsten Sinne des Wortes ihr Leben »vor Augen gemalt«. Sie sei dadurch »wach« geworden, »den Rest meines Lebens selbst gestalten zu können!« Als Christin beschreibt sie den Wandlungsprozess, der durch das Lebensteppichseminar ausgelöst wurde, so: »Gott hat meine Träume gesehen und nicht er, sondern ich hatte sie vergraben. Für ihn war es nicht zu spät, sie wieder in mein Blickfeld zu rücken!!!« Bei ihr hat dies deutliche Auswirkungen. Sie arbeitet jetzt fest

13

angestellt bei einem christlichen Missionswerk. Der Weg dorthin begann mit dem Entschluss, die Dinge nicht einfach laufen zu lassen, sondern die Veränderung bewusst anzugehen.

Oscar: Die eigenen Fesseln abstreifen

Ganz anders geht es Oscar. Mit Mitte 30 ist ihm nicht wohl bei dem Gedanken, dass er »zehn Jahre immer am gleichen Ort« gearbeitet hat. So setzt er sich selbst unter Druck und fühlt sich »schuldig«. Fast kommt es ihm selbst so vor, als habe er den Wechsel bewusst so lange hinausgezögert wie nur irgend möglich, um seine Komfortzone nicht zu verlassen. So sieht er den Wechsel geradezu als notwendig an und empfindet sein eignes Missbehagen und den anzustrebenden Wechsel als »gerechte Strafe für sein Ausharren in der Komfortzone«.

Erst die Begegnung mit einem Coach hilft ihm aus dieser selbstgewählten Abwärtsspirale heraus. Oscar erkennt, dass er seine eigenen Fesseln abstreifen muss, um dem Wechsel etwas Positives abgewinnen zu können und mit Lust und Freude an eine neue Aufgabe heranzugehen. Er weiß, dass dies eines längeren Prozesses bedarf – aber er will den neuen Weg einschlagen, weil es so nicht weitergehen kann.

Sabine: Die eigenen Gaben wertschätzen

Bei Sabine ist die Bereitschaft, sich als Frau in der zweiten Hälfte dreißig neben dem Beruf ehrenamtlich einzusetzen, durchaus vorhanden. Als Krankenschwester ist sie gewöhnt, sich auf andere Menschen einzustellen. Und das möchte sie auch gerne einbringen. Trotzdem ist Sabine unsicher, ob sie dazu ein Ja finden kann. Sie stellt fest, dass sie ihre eigenen Gaben »als viel zu gering« eingeschätzt hat. Statt sich an ihren Stärken zu freuen, muss sie überhaupt erst einmal neu entdecken, dass sie echte Stärken hat, und dass das, was sie tut und was sie gelernt hat als Krankenschwester, etwas Wertvolles ist. Sie steht sich selbst im Weg, weil sie vor allem darauf schaut, wie andere ihr Leben beurteilen. Und sie glaubt zu allem Überfluss, dass dieses Urteil nicht allzu gut ausfällt. Als sie dies erkennt, kann sie sich auf den Weg machen. Sie weiß nun, was sie kann, und kann sich jetzt im besten Sinne »ihrer selbst bewusst« in ein Ehrenamt einbringen.

Christoph: Endlich die eigentliche Berufung leben

Dass Christoph einen Beruf ergreifen würde, bei dem er sich um Menschen kümmert, ist für ihn als junger Mann keine Frage. So absolviert er die Ausbildung zum Altenpfleger und wird später sogar Leiter einer Tagespflege. Trotzdem fühlt er sich mit 46 Jahren am falschen Platz. Das richtet sich gar nicht gegen die alten Menschen an sich. Er und seine Frau wissen aber, dass da »noch etwas anderes« auf sie wartet. Bei einem Lebensteppichseminar gewinnt Christoph mehr Klarheit über das, was an Wünschen und Vorstellungen eigentlich in ihm schlummert. Er und seine Frau wollen »Eltern« für Bedürftige werden. Diese gemeinsamen Pläne hatten sie schon zu Beginn ihrer Partnerschaft. Doch hatten sie die Pläne aufgrund der Geburt ihrer Kinder erst einmal zurückgestellt. Jetzt aber wollen sie das Ziel wieder angehen. Dazu nimmt Christoph einiges an Strapazen auf sich. Berufsbegleitend absolviert er die Ausbildung zum Diakon. Daraus ergibt sich dann die Tätigkeit, von der beide immer geträumt haben: Sie kümmern sich als Hauseltern in einer Einrichtung für Suchtabhängige um die Bewohner, die auf eine Therapie warten. Bis diese Pläne umgesetzt werden, vergehen vom Lebensteppichseminar bis zur

15

Verwirklichung rund 6 entbehrungsreiche Jahre. Aber beide wissen, dass sich die Investition rentiert, denn sie wird belohnt von dem Wissen, »endlich am richtigen Platz« zu sein.

Michael: Mit 60 geht es nochmal richtig los

Michael gehört zur Generation der Babyboomer. Er könnte die überschaubare Zahl der Jahre, die ihm noch bis zur Rente bleiben, locker im Kalender abstreichen und sich auf die Zeit des Nichtstuns freuen. Doch genau das will er nicht. Denn als Babyboomer kennt er den Unterschied. Viele der über 60-Jährigen, die er als junger Mann kennengelernt hat, waren wirklich alt und als Kriegsgeneration verbraucht. Während sein Onkel damals mit gedeckten Farben und Hut gemessenen Schrittes zusammen mit seiner Frau (ebenfalls gedeckte Farben) die Rosen im Botanischen Garten abschritt, macht Michael mit 60 sein Mountainbike fit.

Doch genau das soll dann eben nicht alles gewesen sein. Natürlich träumt Michael ab und zu davon, noch einmal wie damals mit 20 durch die Gegend zu heizen. Aber er will sich nicht runterziehen lassen durch das, »was nicht mehr geht«, sondern lieber seine realen Stärken und Möglichkeiten einsetzen. Schließlich hat er in einem geisteswissenschaftlichen Beruf gearbeitet und weiß: Texte auf dem Computer erstellen, geht auch noch mit 90 Jahren, so wie es ein guter Bekannter als Blogger tatsächlich praktiziert. Michael will sich deshalb schon jetzt neben seiner Festanstellung eine kleine nebenberufliche Tätigkeit aufbauen.

Siegfried: Zu zweit neu durchstarten

Auch Siegfried will nicht wie »Pappa ante Portas« bei Loriot enden. Genauer sind es die erwachsenen Kinder von Siegfried, die das Bild eines gut bestallten aber völlig desorientierten, permanent unterforderten Seniors vor Augen haben. Soweit wollen sie es nicht kommen lassen. »40 Jahre im Bankgeschäft – und was nun?« flimmert es deshalb zu Weihnachten über den häuslichen Bildschirm des verdutzten Siegfried. Doch diesmal gibt es für Siegfried und seine Frau nicht die üblichen Konzertkarten im Geschenkumschlag. Die Kinder, selbst schon mit Familien ausgestattet, schenken Siegfried und seiner Frau die Teilnahme an einem Lebensteppichseminar. Siegfried, der zunächst überrascht ist von dieser liebevollen aber direkten Erziehungsmaßnahme seiner Kinder »an ihm, dem Oberhaupt der Familie«, nimmt die Herausforderung an. Zusammen mit seiner Frau besucht er das Seminar. Und tatsächlich genießen sie die ersten Monate des Ruhestandes besser und planvoller, als sie sich dies zunächst vorgestellt hatten. Statt einfach in den Tag zu leben, planen sie Neues. Dass dabei die Betreuung der Enkel einen gewissen Platz einnimmt, wertet Siegfried augenzwinkernd als scheinbar nicht ganz »ungewollten Nebeneffekt« des Teilnahmegutscheins. Doch es bleibt nicht dabei. Siegfrieds Frau engagiert sich als sogenannte Grüne Dame im Krankenhaus, indem sie ehrenamtlich Patienten betreut, die wenig Besuch bekommen oder sonst einen Rat brauchen. Siegfried lässt sich in die Leitung seiner Kirchengemeinde wählen und probiert sich an kleinen Andachten auf YouTube.

2

DIE EIGENEN GABEN ENTDECKEN

Alle genannten Personen konnten bei ihrer Suche nach Veränderung an ihren eigenen Gaben und Fähigkeiten anknüpfen. Sie mussten dazu nicht weit ausholen, sondern einfach die eigenen Ressourcen freilegen. Und diese Ressourcen werden uns im Laufe der Jahre fast ungewollt zuteil.

> Jeder Mensch bekommt ständig etwas Neues mit auf seinen Weg und lernt immer wieder dazu. Wichtig ist nur, dass er sich dessen bewusst bleibt, oder dass er lernt, diese Gaben und Fähigkeiten neu abzurufen, wenn sie ungenutzt im Verborgenen schlummern.

Dies hat gar nicht so sehr mit dem Lebensalter zu tun, als vielmehr mit der Fähigkeit, diese Gaben zu entdecken und dankbar für ihren Wert zu sein. Das ist verrücktermaßen schwieriger und gar nicht so selbstverständlich, wie es auf den ersten Blick scheinen mag. Denn oft genug berichten Menschen davon, wie sie von ihren negativen Glaubenssätzen nach unten gezogen und demotiviert werden, und dass es vor allem diese sind, die ihr Selbstbild prägen. Die Klassiker unter diesen Glaubenssätzen heißen: »Das kannst du nicht«, »Das schaffst du sowie so nicht«, »Siehst du, ich wusste doch, dass das schiefgeht, wenn du es in die Hand nimmst.« »Versuch es ruhig, aber du wirst sowieso scheitern.« Mal waren es die Eltern, mal die Lehrkräfte und am Ende dieser Kette gar die Personen selbst, die sich diese Totschlagphrasen eingeredet haben. Und zwar so lange, bis sie zum Lebensmotto, zur schrecklich schrägen Lebensmelodie wurden. Mit dem Kind, das diese Menschen einmal waren, das mit Entdeckerfreude laufen lernte und sich mit Hinfallen und wieder Aufstehen die Welt eroberte, hat das jedenfalls nichts mehr zu tun.

Der Lebensteppich will diese Neugier und Entdeckerfreude von einst wieder aktivieren. Sie soll die Blockaden und Erstarrungen überwinden helfen und zum Motor für den Aufbruch werden.

Statt abstrakter Ziele folgerichtige Schritte

Manche Menschen brauchen hochgesteckte Ziele, um in die Gänge zu kommen. Sie brauchen etwas, nach dem sie sich austrecken können, um sich in Bewegung zu bringen. Andere wiederum fühlen sich dadurch eher überfordert und gehen Veränderungen lieber Schritt für Schritt an. Beides hat seine Berechtigung und liegt ganz in der individuellen Disposition des Einzelnen. Feststeht: Bei demjenigen, der mit hochgesteckten Zielen nicht so gut arbeiten kann, scheitern viele Pläne bereits bei den ersten Umsetzungsschritten, weil sie allzu schnell der nächste negative Glaubenssatz erschlägt: »Das ist ja alles ganz schön, aber wie soll ich das schaffen?« Der Lebensteppich baut direkt auf dem auf, was bereits an Gaben und guten Erfahrungen bei den Teilnehmenden vorliegt. Das Wiederentdecken dieser Gaben löst ein positives Gefühl aus. Die Teilnehmer des Lebensteppichseminars hecheln nicht bestimmten Erwartungen hinterher, sie werden nicht zerrissen

20

von dem Spagat zwischen dem hier und jetzt auf der einen Seite und den nahezu unerreichbaren Zielen in der Ferne. Sie fühlen sich in der Regel vielmehr durch ihre Fähigkeiten ermutigt und beflügelt, ganz automatisch und wie von selbst die nächsten Schritte zu gehen.

Das Schlechte loslassen, das Gute neu entdecken

Doch es sind nicht nur die falschen Glaubenssätze, die Menschen daran hindern, sich aufgeschlossen auf neue Wege einzulassen, selbst wenn sie nicht dem »Das kannst du doch sowieso nicht«-Mantra verfallen sind. Viele halten ihre Fähigkeiten für so normal, dass sie diese gar nicht als besondere Gabe wahrnehmen. Außerdem neigen Menschen in unserer Höher-, Schneller-, Weiter-Gesellschaft mit ihrem Selbstoptimierungszwang dazu, das Gute viel zu schnell zu vergessen, weil es den hohen Zielen und Ansprüchen, die allesamt in der Zukunft liegen, ewig hinterherhinkt. Aber es gibt noch einen dritten Aspekt, der bei der Arbeit mit dem Lebensteppich eine Rolle spielt. Beim Lebensteppichseminar werden die negativen Erinnerungen und Erlebnisse im Leben bewusst ausgeklammert. Das hat nichts mit einem Scheuklappenverhalten zu tun. Es ist vielmehr ein psychologischer Kniff.

Die schrecklichen Ereignisse, wie Unfälle, der Rausschmiss aus der Firma, der Tod eines geliebten Menschen – dies alles ist ohnehin mehr oder weniger dauerpräsent in unserem Bewusstsein, und die meisten Menschen können sich aus dem Stand an Tag und Stunde dieser Ereignisse erinnern. Aber es verschüttet eben nicht selten die Erinnerung an die guten und positiven Erlebnisse und Gaben, die uns weiterbringen könnten.

Es ist daher durchaus klug und zielführend, die negativen Erlebnisse, die Schrammen und Narben im Leben eines Menschen bei einem Lebensteppichseminar wenigstens für einen halben Tag aus dem Fokus zu nehmen, um die positiven Seiten (endlich) wieder zum Klingen zu bringen.

Die guten Erinnerungen als Schatz

Diese guten Seiten gleichen den Erinnerungsstücken auf dem Dachboden oder im Keller. Da ist der gemütliche Lesesessel oder die eingestaubte Gitarre, ein schrumpeliger Fußball oder die Nähmaschine. Erst wenn wir etwa durch einen Umzug genötigt sind, den Dachboden oder den Keller zu inspizieren, rufen sich diese Gegenstände ins Gedächtnis – inklusive der positiven Erinnerungen, die damit verbunden sind.

Der Lesesessel erinnert daran, dass ich früher an verregneten Wochenenden viele Stunden mit guten Büchern verbracht habe und mich weiterbilden konnte. Die Gitarre erinnert daran, wie wir damals mit einer Band Musik gemacht haben oder es zumindest versucht haben (arme Nachbarn!). Die Kiste mit den Cassetten daneben erinnert daran, dass wir es sogar geschafft hatten, ein paar Konzerte zu organisieren und diese auf Tonband festzuhalten. Der Fußball steht für die vielen Nachmittage auf dem Bolzplatz und die Nähmaschine für die gar nicht mal so schlechten Kleidungsstücke, die damals durch Selbernähen in unserer Studentenzeit entstanden sind.

Die Arbeit mit dem Lebensteppich soll dabei helfen, diese alten »Schätzchen« wiederzuentdecken. Aber nicht, um wie auf dem Dachboden einer alten Zeit hinterherzutrauern, sondern um sich die guten Erinnerungen von damals für die Zukunft zu Nutze zu machen und von ihnen zu profitieren.

Denn die positiven Erinnerungen geben Mut, etwas Neues

22

anzupacken. Und Mut ist ein wichtiger Motivator. Die Erinnerungen sind der positive Energiespender, aus dem die Teilnehmer schöpfen können. Es lohnt sich daher, wie auf dem Dachboden lustvoll in diesen Erinnerungsschätzen zu stöbern. Hinter dem Lesesessel taucht noch ein Bücherkarton auf, der eine große Themenvielfalt repräsentiert. In der Wäschetruhe ruht ein Judoanzug – auch der gehörte einmal zu unserem Leben; waren wir nicht einmal ziemlich wendig und angriffsfreudig?

Mehr und mehr erkennen die Teilnehmer, was für eine Fülle an guten Ansätzen in ihrem Leben vorhanden ist. Dadurch beginnen sie fast von selbst zu fragen, warum sie diese Ansätze nicht für die Gestaltung ihrer Zukunft nutzen sollten. Und so geht es am Ende dieser Reise zu den guten Erinnerungsstücken »nur noch« darum, diese Schätze zu sichten und zu sortieren, um sie in ein neues Umfeld einzubringen. Denn:

> Positive Erinnerungsarbeit ist in Umbruchssituationen besonders wertvoll. Denn unter Stress entstehen oft Selbstzweifel und machen aus der Versagensangst eine selbsterfüllende Prophezeiung. Und damit geht der Blick auf das, was den Menschen positiv auszeichnet und nach vorne bringen kann, verloren.

Viele Methoden nutzen die positiven Emotionen nicht

Viele Methoden, die an die eigenen Fähigkeiten appellieren, kommen vom Kopf her und gehen analytisch vor. Das ist an sich nicht schlimm, spart aber die entscheidende Quelle aus: die positive Emotion, die wir brauchen, um uns entfalten zu können. Verliebten zum Beispiel ist kein Weg zu weit und keine Anstrengung zu groß, um über lange Strecken und viele Hindernisse zueinander zu finden. Warum – weil sie maximal auf-

23

geladen sind mit positiven Emotionen. Und genauso verhält es sich mit unserer Reise durchs Leben: Die positiven Emotionen sind der Motor, der uns voranbringt und uns den nötigen Auftrieb verleiht. Der Lebensteppich erweckt eine positive Emotion, weil ich mich an die guten Dinge erinnere, und stellt somit den Kontakt zum Herzen her, das uns mit Sauerstoff für den Aufstieg versorgt.

Wenn dem Selbstwert Flügel wachsen

Und deshalb ist das Lebensteppichkonzept gerade für Menschen gut geeignet, die eher ein geringes Selbstwertgefühl in ihrer Umbruchsituation haben. Dass das Negative in der Lebensteppicharbeit bewusst ausgeblendet wird, empfinden die Teilnehmer zunächst als irritierend, dann begreifen es die meisten aber als Befreiung. Denn mit hinein in den Lebensteppich darf wiederum all das, was die Teilnehmerinnen und Teilnehmer aus einer Krise gelernt haben und was ihnen geholfen hat, um aus dieser Krise herauszukommen: gute Freunde, die Familie, die Partnerin, der Partner, die eigenen Wertevorstellungen, bestimmte Rituale oder bestimmte Verhaltensmuster, die sich in Stresssituationen bewährt haben.

Die grauen Wolken durchstoßen

Menschen sagen in den Reflexionsrunden des Lebensteppichseminars wie dieser Teilnehmer: »Ich musste erst einmal die grauen Wolken des Negativen durchstoßen und nach dem suchen, was eigentlich noch da ist. Aber als ich durch diese graue Schicht durchgestoßen bin, da habe ich auf einmal entdeckt, für was ich alles dankbar sein kann.« Erstaunlich ist, dass selbst Menschen, die schwerste Schicksalsschläge erlebt haben, diese positiven

Aspekte entdecken können. So zum Beispiel ein Mann, der aus seiner Heimat wegen des Krieges fliehen musste. Die Tatsache, dass er die Flucht überstanden hatte, konnte er auf der Habenseite verbuchen. Ebenso das Beten, das ihm in Angst und Verzweiflung geholfen hatte. Ihm gab das den nötigen Mut, nunmehr den nächsten Schritt in die Zukunft zu gehen. So konnte er aus der Dankbarkeit dafür neue Energie und Hoffnung schöpfen. Seine intrinsische, also eigene Motivation, setzte sich quasi von selbst in Gang. Niemand hätte ihm das von außen befehlen können.

Hilfe auch bei Prüfungsangst

Das Lebensteppichkonzept ist daher auch gut geeignet für Menschen, die unter Prüfungs- oder Testangst leiden. Dies ist beim Lebensteppich relativ häufig bei jüngeren Leuten der Fall, die meist von ihren Eltern ein Lebensteppichseminar geschenkt bekommen haben. Bei ihnen kann man erleben, dass der Adrenalinspiegel zu klettern beginnt wie bei einem überraschenden Mathe-Test. Sie glauben, dass sie jetzt »performen« müssen, um alles »richtig« zu machen. Denn mehr oder weniger unausgesprochen steckt in dem Geschenk die Botschaft, der Sohn oder die Tochter möge durch die Teilnahme am Lebensteppichseminar »nun doch endlich den richtigen Beruf wählen«, den »richtigen« Weg einschlagen und doch noch Pharmazie studieren statt von einem Business-Startup zu träumen.

Es gibt kein richtiges oder falsches Ergebnis

Aber wenn die Menschen, die sich über ihren Lebensteppich beugen, merken, dass es hier nicht um Aufgaben geht, die mit richtig oder falsch zu lösen sind, sondern ums freie Gestalten, dann normalisiert sich der Adrenalinspiegel erfahrungsgemäß recht rasch. Und so werden diese Teilnehmer fähig zu neuen Gedankengängen und erleben, was sie mit dem Lebensteppich erreichen können.

Das Lebensteppichkonzept erzeugt keinen Druck, Neues erreichen zu müssen. Es eröffnet vielmehr den Blick darauf, dass der Mensch vom ersten Augenblick an auf eine dynamische Entwicklung und Entfaltung angelegt ist.

Es ruft in Erinnerung, was an Gaben schon vorhanden ist, und wie sich jeder Mensch von der ersten Lebensminute im Mutterleib an Schritt für Schritt entwickelt und entfaltet und wie seine Zellen auf Basis der anderen Zellen entstehen, sich vermehren und dabei Schritt für Schritt neue Fähigkeiten und Potentiale hinzukommen.

3

DIE DYNAMIK DER LEBENSPHASEN NUTZEN

Schon im Mutterleib fängt es an

Alles beginnt schon vor der Geburt in dem Moment, in dem Ei und Samenzelle verschmelzen. Das ist die Initialzündung, der Urknall. In der Bibel ist es Gott, der den Auftrag dazu gibt. »Es werde«, sagt er in der Schöpfungsgeschichte und »ruft« den Menschen »bei seinem Namen« (Jesaja 43,1) und stattet ihn mit seiner Individualität und seinen Gaben aus.

Schon mit der ersten Zellteilung entwickelt sich aus dem Vorhandenen etwas Neues. Dies ist das Grundprogramm eines jeden Lebewesens. Ob wir nun an einen personalen Schöpfer oder eine Zufallstheorie glauben – ein Wunder bleibt es allemal: Aus zwei Zellen, die den Anfang bilden, wächst innerhalb von 40 Wochen ein hochkomplexes Gebilde heran, als ganzer Mensch von 100 Billionen Zellen. Innerhalb der ersten drei Monate entsteht bereits aus einer Gruppierung sich ständig vermehrender Zellen der ganze Mensch mit allen Anlagen, die jetzt zur Entfaltung kommen. Nicht mehr lange, dann kann er strampeln, sich bewegen, hören, wahrnehmen, fühlen. Ein riesiges Leistungs- und Entfaltungspotenzial. Die Geburt selbst ist praktisch die erste Bewährungsprobe: Es tut weh, es ist zum Zerreißen anstrengend, aber der erste Schrei ist nicht der Anfang, sondern die Bestätigung dafür: »Ich habe eine erste große Etappe geschafft.« Es geht jetzt nicht erst los, es geht jetzt folgerichtig weiter.

Noch kann der Mensch nicht richtig sehen, aber Augen und Gehirn werden die Signale, die er empfängt, bald zu plastischen Bildern formen. Die Muskulatur des Säuglings ist noch zu schwach, um selbstständig den Kopf zu heben, aber er wird es automatisch trainieren, denn nur mit erhobenem Kopf kann er seine Umgebung, auf die er »neu«-gierig ist, erkunden. Er wird sich damit aber nicht zufriedengeben und einfach liegen bleiben. Er wird so lange arbeiten, bis er sich auf die Seite drehen kann. Und so geht das immer weiter. Robben, Krabbeln, an den Möbeln hochziehen – und dann die ersten Schritte. Permanent baut er auf dem auf, was schon vorhanden ist. Schritt für Schritt, Schicht für Schicht. Weil er gar nicht anders kann. Mehr und mehr lernt der Mensch, sich seinen Körper zu erschließen und nutzbar zu machen. Und so erobert er seine Umgebung und das ihm geschenkte Leben Stück für Stück wie von selbst.

Leider besteht die Gefahr, dass dieser natürliche Trieb, etwas Neues zu entdecken und ganz selbstverständlich dazuzulernen, im Erwachsenenalter von uns nicht mehr in dem Maße genutzt wird, wie es möglich wäre. Doch das Gehirn wartet geradezu auf Arbeit. So sagt z. B. der inzwischen emeritierte Alternsforscher Prof. Werner Wahl von der Universität Heidelberg, dass das Gehirn praktisch ein Leben lang dazu fähig ist, Dinge aufzunehmen und zu verarbeiten[3]; was für eine großartige Möglichkeit.

---

3 Wahl, Hans-Werner: »Die neue Psychologie des Alterns«, Kösel-Verlag, München, 2017, S. 46

30

Der Lebensteppich – ein folgerichtiges Muster

Und deshalb beginnt der Lebensteppich ganz vorne, dort wo die Teilnehmerinnen und Teilnehmer des Workshops mit einem gigantischen Energieschub und einer 40-wöchigen Hochgeschwindigkeitsentwicklung gestartet sind: im Jahr Null. Daran knüpfen sich auf den vor den Teilnehmern ausgerollten Papierbahnen, die den Lebensteppich symbolisieren, die nächsten Streifen an, für jedes Lebensjahr einer. Gemeinsam weisen sie Schritt für Schritt und Jahr für Jahr in die Zukunft. Alle sieben Jahre säumen kleine blaue Quadrate die Ränder der Teppichbahn. Diese Quadrate markieren die Abschnitte des Lebens, die allgemein als prägend gelten, so wie es der Religionsphilosoph und Theologe Romano Guardini beschrieben hat[4]. Die ersten sieben Jahre mit Geburt, früher Kindheit und Eintritt in die Schule. Die zweite Hälfte der Kindheit ab acht Jahren, mit Schulwechsel und Eintritt in die Teenagerzeit. Ab vierzehn die Zeit mit der Vollendung der Schule und dem Eintritt in die Berufsausbildung, dem Abitur, dem Übergang vom Teenager zum jungen Erwachsenen. Dieses Raster behält der Lebensteppich bei, denn die allgemeine Erfahrung lehrt, dass sich ungefähr alle sieben Jahre mehr oder weniger deutliche Einschnitte und Veränderungen abzeichnen – im Alter von 21 Jahren lebt es sich anders als mit 28 und mit 28 anders als im Alter von 35 Jahren und so weiter. Diese einzelnen Abschnitte werden im Seminar nun systematisch durchgegangen. Alle arbeiten dabei ganz für sich, niemand ist gezwungen, seine Erkenntnisse mit den anderen zu teilen oder den Coaches zu präsentieren.

---

4   Guardini, Romano: »Die Lebensalter«, Verlagsgemeinschaft topos plus, Kevelar, 13. Auflage, 2008

In der Gruppe aber auch in der Einzelstunde sind die Coaches nur zur Anleitung und zur Hilfestellung da – was jeder für sich entdeckt oder gar empfindet, bleibt ganz bei ihm. Niemand muss etwas nach außen tragen, wenn er es nicht möchte.

Null bis 7 Jahre: Die Zeit des Spielens und Entdeckens

Nun werden die Teilnehmenden gebeten, sich auf die ersten sieben Jahre zu konzentrieren: Womit haben sie gerne gespielt, was hat sie begeistert, an was hat man sie herangeführt, was ist ihnen in guter Erinnerung geblieben? Die ersten Malversuche mit Filzstift, das erste »Konzert« auf der Klaviertastatur mit beiden Fäusten, das Spielen im Hof mit den Nachbarskindern, der erste Kontakt mit einem Fußball, Laufrad, Fahrrad, Tretroller, Ausflug ins Schwimmbad, Bilderbücher gucken, mit Legosteinen erste klobige Autos oder Häuser bauen, in der Puppenstube eine Party ausrichten, erste Lese- und Schreibversuche, oder, oder. Dazu gehört auch die Gemeinschaft mit der Familie oder mit Freunden, das Gebet am Kinderbett, der Opa als Hobby-Imker. Alle wertvollen und wichtigen Erinnerungen bekommen ein Symbol und werden von den Teilnehmenden in den Bereich der ersten sieben Jahre eingezeichnet. Die Symbole sind dabei eine reine Gedächtnisstütze für die Person selbst, andere dürfen aber müssen die Symbole nicht erkennen. Malkünstler muss also niemand sein. Einfache, kleine Symbole, wie sie auch hier im Buch immer wieder auftauchen, reichen dafür völlig aus. Wir wollen nicht im Louvre ausstellen.

Manchen Teilnehmern fällt sofort etwas ein. Andere müssen sich erst langsam hineinarbeiten. Hatten sie eine gute Kindheit oder war doch vieles problematisch? Das kann niemand außer ihnen selbst beurteilen und niemand hat das Recht, ihr Leben und ihre Sichtweise darauf zu bewerten. Auch beim Lebens-

32

teppich geht es nicht darum, sämtliche Erinnerungen in ein rosa Zuckerbad zu tauchen. Aber aus den schon genannten Gründen bleiben die Teilnehmenden bewusst bei den positiven Aspekten. Denn selbst wenn sie ihr Leben in der Rückschau eher als bedrückend empfinden, sollen ihnen gerade die positiven Erinnerungen helfen, wenigstens jetzt in eine bessere Zukunft zu starten.

8 bis 14 Jahre: Die Zeit der ersten Spezialfähigkeiten

Die Zeitspanne zwischen acht und 14 Jahren ist für jeden Menschen eine Herausforderung. Die Unbekümmertheit eines Erst- oder Zweitklässlers ist zu Ende. Spätestens mit dem Schulwechsel auf die weiterführende Schule ist für die meisten die Idylle vorbei. Zudem beginnt hier einer der herausforderndsten Lebensabschnitte – aus dem Kind wird ein Jugendlicher, der in wenigen Jahren ein Erwachsener sein wird. Dennoch sind auch diese Phasen mit vielen guten Ansätzen und Erinnerungen gefüllt. Zwischen 8 und 14 Jahren vielleicht so:

Wahl eines bestimmten Instruments, Musikunterricht, Ergreifen einer Sportart, die vielleicht sogar Ausdruck findet in der einen oder anderen Medaille. In der Schule Interesse für ein bestimmtes Fach, Herausbildung von musischen, sprachlichen oder naturwissenschaftlichen Fähigkeiten. Manches hat sich weiterentwickelt, Neues ist hinzugekommen. Alles bekommt ein eigenes Symbol. Und wo sich Neigungen weiterentwickelt haben, bekommen sie das gleiche Symbol wie schon im ersten Abschnitt. Und wenn das Leben zu Hause problematisch war, eine Teilnehmerin aber Halt bei einer Freundin gefunden hat oder ein Teilnehmer im Fußballverein, dann bekommt auch dieser positive Rückhalt ein Symbol und findet seinen Platz im Lebensteppich.

15 bis 21 Jahre: Der Weg in die Unabhängigkeit

Diese Phase ist der dritte und entscheidende Schritt ins Erwachsenenleben. Ende der Schulzeit, Berufsausbildung, Abitur, ein freiwilliges soziales Jahr, möglicherweise ein Auslandsaufenthalt. Oder das erste eigene Geld in der Lehre, oder als Nebenjob beim Kloputzen oder in der Gastronomie. Manch neues Symbol kommt hinzu. Manches aber setzt sich auch fort. Aus einer bestimmten Neigung wurde ein Hobby, vielleicht sogar ein Berufswunsch oder eine Ausbildung, Freunde wurden zunehmend wichtiger, nicht zu vergessen die Zeit der ersten Liebe. Alles, was neu und prägend in dieser Zeit war, bekommt ein Symbol, alles was sich weiterentwickelt und fortgeführt hat, bekommt das gleiche Symbol wie in den vorausgegangenen ersten beiden Lebensphasen. Das ist nicht langweilig oder einfallslos. Es zeigt vielmehr, dass wir auch schon in jungen Jahren gewisse Muster entwickeln, die wir später ausbauen oder aufleben lassen können, weil sie zu uns gehören.

22 bis 28 Jahre: Das Erwachsensein gestalten

Ab 22 ist der Mensch endgültig erwachsen. Wenn es gut geht, symbolisieren die Zeichnungen nicht nur Hobbys und Neigungen, sondern auch das Studium oder den Beruf. Denn das bedeutet, dass die Teilnehmerinnen und Teilnehmer das richtige für sich gefunden haben. Dazu kommt bei vielen die erste ernsthafte und lange andauernde Partnerschaft. Die meisten mussten sich aber auch schon verschiedentlich durchboxen und harte Kämpfe bestehen. Achtung, noch einmal zur Erinnerung: Nicht die Niederschläge gehören in den Lebensteppich, sondern alles, was den Teilnehmerinnen und Teilnehmern geholfen hat, diese Kämpfe durchzustehen. Das werden hoffentlich keine Fäuste und Messer sein, dafür aber gute Freunde, jemand aus der Familie, ihr Wertekanon, ihr Durchhaltevermögen oder die Kunst, trotz aller Herausforderungen immer wieder durchatmen zu können.

29 bis 35 Jahre: Die eigenen Erfahrungen als Zukunftsmodell

Ab 29 bis Mitte 30 tritt meist eine erste Konsolidierung ein. Und mit 35 Jahren kann der Mensch bereits auf ein gelebtes Leben zurückschauen. Meist ergibt sich bei dieser Rückschau ein gewisses Muster, das sich auch durch die Symbole im Lebensteppich abzeichnet. Und das ist quasi der Werkzeugkasten, mit dem die Teilnehmerinnen und Teilnehmer ihre Zukunft anpacken können. Ihre Gaben und positiven Erlebnisse geben Auskunft darüber, was sie auszeichnet und was sie einzigartig macht. Manches davon konnten sie durchgängig nutzen und beruflich wie privat einsetzen. Diese Phase ist ein hervorragendes Alter, in dem ein erster beruflicher Erfahrungsschatz mit guten körperlichen Kräften einhergeht. Die Arbeit mit dem Lebensteppich hilft dabei, diese Kombination gut zu nutzen. Denn gleichzeitig will mit diesen Kräften gut gehaushaltet werden, weil diese Lebensphase auch als die Rushhour in der modernen Industrie-, Dienstleistungs- und Konsumgesellschaft bezeichnet wird. Beruflich am Ball bleiben, Karriere machen, Familie gründen, sesshaft werden, das alles ballt sich gerade in diesem Lebensabschnitt zusammen und wird dies auch noch im nächsten Quadranten in der Altersspanne zwischen 36 und 42 Jahren tun. Bilanz ziehen, Wünsche, Kräfte und Chancen vernünftig und mit Augenmaß bewerten, Schwerpunkte setzen aber auch bestimmte Dinge bewusst loslassen und versöhnt abschließen – das ist in dieser Lebensphase besonders wichtig, um nicht an den eigenen, überzogenen Erwartungen zu scheitern. Es ist nun einmal so, dass einem Mitdreißiger die jungen Kerle auf dem Fußballplatz davonlaufen. Doch statt sich darüber zu ärgern und den Jüngeren verbissen hinterherzulaufen, ist es jetzt vielleicht dran, als Trainer die vielen gewonnenen Erkenntnisse an die nächste Generation weiterzugeben, um den Fußball aus einer anderen Perspektive als bisher mit Freude nunmehr weitererleben zu können.

36 bis 42 Jahre: Der Ruf nach Weiterentwicklung

Sind wir ehrlich. Trotz aller Emanzipation sieht die Tendenz in der Rollenverteilung immer noch so aus:

Mann = Beruf + das, was für die Kinder und die Frau übrigbleibt

Frau = Kinder, Mann + das, was für den Beruf übrigbleibt

Gerade jetzt besteht für die Frauen die Chance, dies noch einmal zu verändern, es wäre doch schade, wenn das Lied »Wenn sie tanzt, ist sie woanders« von Max Giesinger, in dem er eine junge Mutter beschreibt, die sich im Alltagsstress verständlicherweise immer mal wieder wegträumt, ein Leben lang den Ton angäbe, ohne dass eine Veränderung je angegangen worden wäre. Und das trifft in gewisser Weise wiederum auf Frauen und Männer zu, denn in diesem Alter empfinden sie, dass es »karrieretechnisch langsam eng« wird. Auf Partys diskutieren sie die Frage, »ob man vorne mit einer vier im Lebensalter« wirklich noch einen neuen Job findet und alle sind sich einig, dass dies von Jahr zu Jahr schwieriger wird. Gerade wegen dieser Schwierigkeit ist es aber wichtig, seine Fähigkeiten und Gaben gut zu kennen und benennen zu können. Dazu gibt es viele gute Analysewerkzeuge, die dabei helfen können. Stellvertretend seien hier nur zwei erwähnt: »Kreative Lebensplanung 3.0« von Paul Ch. Donders[5] und »Entwickle deinen Stärken« von Tom Rath[6]. Denn nur so lässt sich ein Berufswechsel überhaupt angehen, wenn dieses Ansinnen auf Erfolg stoßen soll. Möchte ich in meinem bisherigen Berufsumfeld wieder Fuß fassen oder kann ich mir vorstellen, auch etwas ganz anderes zu machen oder meine Fähigkeiten zu erweitern oder auch in einem ganz anderen Zusammenhang einsetzen? Eine gute und solide Selbsteinschätzung ist die beste Basis, um diese Überlegungen erfolgreich anzugehen und umzusetzen.

43 bis 49 Jahre: Die Chance, Neues zu entfalten

In der Rückschau wird diese Phase einmal so etwas wie die Visitenkarte des eigenen Lebens sein. Hier manifestiert sich, wo die Prioritäten aber auch das Machbare im Leben eines Menschen lagen. Aber Achtung: Jeder Mensch muss für sich selbst wissen, was ihm in der Rückschau wichtig sein wird. Das kann der berufliche Aufstieg sein, er muss es aber nicht. Wie wir noch sehen werden, besteht das Leben aus weit mehr als nur einem Arbeitsplatz oder der beruflichen Karriere. Aber solange uns die Zeilen des Liedermachers Wolf Biermann nicht loslassen, der einst mit den Worten »Das kann doch nicht alles gewesen sein ...« die Sehnsucht nach einem Leben beschrieben hat, das mehr sein will als ewiger Alltagstrott, sollten wir eine Veränderung aktiv angehen. Denn sollten uns allein Angst oder eine falsche Be-

---

5 Donders, Ch. Paul: »Kreative Lebensplanung 3.0«, xpand edition, Augsburg, 2018
6 Rath, Tom: »Entwickle deine Stärken«, Redline Verlag, München, 2018, 6. Auflage

quemlichkeit daran gehindert haben, dem aktiv etwas entgegenzusetzen, dann wird dies eines Tages auf uns zurückschlagen und uns über die verflossenen Chancen klagen lassen. Auf jeden Fall ist dies eine Lebensphase, in der die Weichen noch einmal entscheidend gestellt werden. Auch hier gilt natürlich, dass nur das, was ein Mensch sich wünscht, im Fokus stehen sollte. Niemand anderes hat darüber zu urteilen.

Weg daher mit allen falschen, von außen an uns herangetragenen beruflichen Leistungs- und Statusnormen. Viel wichtiger ist ein eigener Wertekanon, den wir bewusst und konsequent verfolgen. Und dieser kann durchaus jenseits des allgegenwärtigen Höher, Schneller, Weiter unserer Leistungsgesellschaft liegen. Warum wird eine berufliche Karriere bei uns eigentlich höher angesehen als das soziale Engagement als Truppführer beim THW oder als Sanitätshelfer beim DRK oder als Rettungsschwimmer bei der DLRG? Ist ein Mensch mit gut bezahltem 40-Stunden-Job mehr wert als jemand, der unter schwierigen Bedingungen zusätzlich zum Teilzeitjob einen Angehörigen pflegt?

Was also ist hier ein erfülltes Leben? Sicherlich eben nicht nur der ganz bestimmte Sprung auf der beruflichen Karriereleiter. Leider braucht es inzwischen Größe und Standhaftigkeit, sich von unserer Leistungsgesellschaft die Zuwendung zum Einzelnen, die soziale Hingabe nicht kleinreden zu lassen. Daher geht es beim Lebensteppichkonzept auch nicht primär darum, sich von etwas weg zu entwickeln, sondern darum, sich der eigenen Gaben und Fähigkeiten bewusst zu werden, um sie gezielt für sich und gerne auch im Sinne der Zuwendung für andere zu nutzen.

38

50 bis 56 Jahre: Der Start in eine andere Ära

In dieser Altersgruppe kommt es öfter zu Veränderungen, als man es sich in jungen Jahren vielleicht vorgestellt hat. Tatsächlich spielen dabei die persönlichen Voraussetzungen oft eine Rolle, ob man im angestammten Beruf weitermachen kann oder will. Auch hier kann der Lebensteppich helfen, herauszuarbeiten, welche Neigungen und Gaben neben dem eigentlichen Ausbildungsberuf auf Entfaltung warten. Vielleicht gibt es verwandte Tätigkeitsfelder, in denen das bisherige Wissen eingebracht werden kann – z. B. als ehemalige Krankenschwester im Schichtdienst im neuen Job als OP-Schwester in einem ambulanten Tagesbetrieb. Oder als Abteilungsleiter, der spürt, dass er die Arbeitsintensität in der Firma, in der er angestellt ist, bis zur Rente nicht mehr durchhalten will, und deshalb mit seiner Expertise bewusst in die Selbständigkeit geht. Auch hier in dieser Lebensphase ist es wieder entscheidend, Frieden mit Dingen zu machen, die aus bestimmten Voraussetzungen heraus nicht umgesetzt oder verändert werden konnten oder jetzt einfach zum Abschluss gebracht werden wollen. Denn man kann es durchaus als bewusste Entlastung empfinden, mit Dingen abzuschließen, wie zum Beispiel jemand, der mit seiner großen Familie in einem großen Haus gelebt hat, und nun, nachdem die Kinder flügge geworden sind, das Haus verkauft und in eine Wohnung zieht, aber nicht aus Groll oder aus Frust, sondern einfach weil jetzt ein neuer Lebensabschnitt beginnt.

Es ist allemal besser, aus dem Vorhandenen etwas herauszuholen, als das Nichtmachbare im Fokus zu halten, in eine resignative Dauerschleife zu rutschen und die kostbare Energie im Jammern verpuffen zu lassen. Besser ist es, nach Anknüpfungspunkten zu suchen, die dabei helfen, neue Perspektiven zu finden.

57 bis 63: Die Zeit neuer Akzente

Hat man es mit 57 geschafft? Gibt es einen Arbeitgeber, der Menschen in der zweiten Hälfte der 50 noch etwas zutraut? Punktuell hilft dabei der Fachkräftemangel. Gerade in kleinen Herstellungsbetrieben, die ihren Maschinenpark nicht ständig erneuern können, sind z. B. Menschen mit Kenntnissen gefragt, die sich mit den traditionellen Herstellungsverfahren noch auskennen –vielleicht schlummert hier noch die eine oder andere Perspektive für die nächsten Jahre oder sogar für eine geringfügige Beschäftigung über die Rente hinaus.

Auch wird es jetzt Zeit, einen unabhängigen Rentenberater aufzusuchen, denn die Frage, welches die besten Voraussetzungen sind, um die gesetzlichen Leistungen möglichst vollumfänglich auszuschöpfen, sollte nicht erst beim Ausfüllen des Rentenantragsformulars drei Monate vor Ultimo gestellt werden. Und wie überall im Leben ist ein unbeteiligter Dritter ein guter Ratgeber mit dem nötigen Überblick.

Außerdem sollten nunmehr die Planungen und Überlegungen einsetzen, wie sich das Leben nach dem Renten- oder Pensionseintritt gestaltet. Jetzt heißt es, Kontakte zu knüpfen, Ideen zu sammeln und erste Pläne zu machen. Die lange Strecke auf dem Lebensteppich, auf die die Teilnehmer in dieser Phase zurückblicken können, ist hierfür eine riesige Fundgrube, um noch einmal alles zu bündeln und gezielt die Zukunft zu gestalten.

64 plus: Die Zeit freier Kapazitäten

Wer mit 56 auf einen reichen Erfahrungsschatz zurückschauen kann, der kann es mit 64 Jahren erst recht. Viele gehen mit 64 Jahren in Rente und haben daher freie Kapazitäten. Besser ist es, schon vorher zu wissen, was jetzt folgen sollte, sonst könnte es zu einer Durststrecke kommen, die das Anknüpfen an Neues

40

immer schwieriger macht, je länger sie dauert. Denn dann muss der Motor erst wieder zum Laufen gebracht werden und das wird im Alter fortschreitend schwerer. Aber gleichzeitig gilt auch hier: Es ist nie zu spät, sich wieder aufzuraffen und noch einmal etwas Neues zu beginnen.

Jede Phase hat ihre Chancen

Jede Phase birgt also ihre jeweils eigenen Herausforderungen und ihre jeweils eigenen Chancen. Selbstverständlich ist jedes Leben individuell und jedes persönliche Lebenskonzept wird anders aussehen als das anderer Menschen und wird hier in den Texten nicht explizit genannt werden können. Die hier geschilderten Beispiele können daher nur skizzenhaft und mit einem groben Überblick die Herausforderungen der einzelnen Lebensphasen widerspiegeln. So oder so lohnt es sich aber auf jeden Fall, diese Phasen nicht einfach unreflektiert über sich hinwegrollen zu lassen. Schon ab einem jüngeren Alter lohnt es sich, Bilanz zu ziehen und neue Perspektiven zu wagen. Wir haben gesehen, dass Menschen von Natur aus Wesen sind, die dazulernen, sich entwickeln und sich verändern. Ausprobieren, scheitern, weitermachen, Neues entdecken – das wird mehr denn je unser Leben prägen. Es lohnt sich, sich auf dieses Abenteuer einzulassen und dabei zu sein. Es ist die Grund-Melodie des 21. Jahrhunderts.

41

4

MEINE SCHWERPUNKTE ERKENNEN

Es ist immer gut, sich ein konkretes Bild zu machen und die Dinge zu benennen. Das geht am besten mit Hilfe zweier einfacher Fragen: Was ist wertvoll für mich? Was füllt mich aus? Für jeden wird die Antwort anders ausfallen. Doch die meisten und vor allem Männer definieren sich primär über ihre berufliche Tätigkeit. Wenn wir uns ein Bild von einem Menschen machen, dann fragen wir in der Regel nach dem Familienstand, nach der Zahl der Kinder – aber in erster Linie nach dem Beruf. Fast jeder Smalltalk auf einer Party beginnt so: »Und was machst du beruflich?« Wer da nicht »mithalten« kann, hat schlechte Karten. Noch erschütternder ist, dass wir es als Makel betrachten, wenn jemand hierauf keinen »normalen« Beruf nennen kann. »Mein Haus, mein Auto und vor allem mein Job« – diejenigen, die glauben, nicht mithalten zu können, erscheinen erst gar nicht. Auf Partys und auf Klassentreffen tummeln sich vor allem die Siegertypen – oder besser gesagt, diejenigen, die wir als Siegertypen klassifizieren. Obwohl wir alle selbst Stein und Bein schwören, dass wir den Wert eines Menschen nicht nach diesen Kriterien bewerten – wirklich!?!

Wenn die Arbeit (fast) alles ist

War die Arbeit fast die einzige Größe, der wir bisher Raum gegeben haben? Ein einfaches Tortendiagramm hilft dabei, uns selbst auf die Spur zu kommen.

Malen Sie auf ein Blatt einen großen Kreis und stellen Sie sich die Frage: Mit was fülle ich meine Zeit? Dabei hilft eine grobe Einteilung in wenige zentrale Punkte.

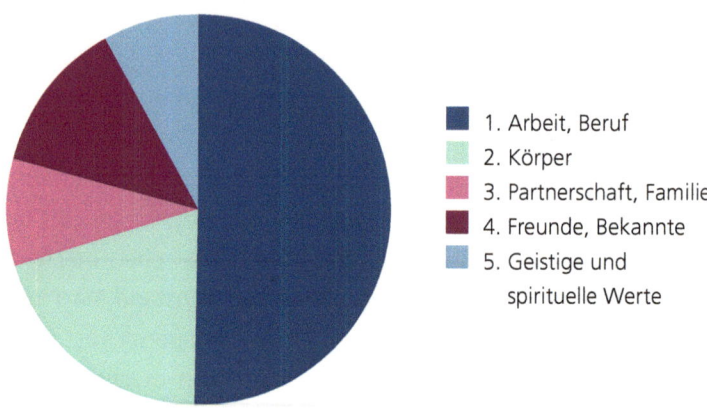

1. Arbeit, Beruf
2. Körper
3. Partnerschaft, Familie
4. Freunde, Bekannte
5. Geistige und spirituelle Werte

Beim Lebensteppich wählen wir dafür diese Bereiche: 1 = Arbeit/ Beruf; 2 = Körper (Schlafen, Essen, Fitness); 3 = Partnerschaft und Familie; 4 = Freunde und weiterer Bekanntenkreis; 5 = geistige und spirituelle Werte.

Den Tortenstücken geben die Teilnehmer per Schätzwert Prozentzahlen, bestimmen also grob ihre Größe. Dabei können sie sich an den Stunden orientieren, die sie pro Tag oder pro Woche für die einzelnen Bereiche aufwenden. Dann tragen sie die Linien in den Kreis ein. So wird mit einem Blick sehr schnell deutlich, wo bei ihnen die meiste Zeit hinfließt. Alle anderen Bereiche schrumpfen dadurch automatisch. Wer zu viel arbeitet, hat weniger Zeit für anderes. Die höchste Prozentzahl quetscht die

44

anderen Tortenstücke »gnadenlos« zusammen. Es bleibt dann nur noch die Wahl, wieweit die anderen Stücke untereinander aufgeteilt werden. Denn mehr als 100 % gehen eben nicht. Verrückt: Obwohl dies eine Binsenweisheit ist, leben viele Menschen dagegen an.

Plötzlich reißt ein riesiges Loch auf

Beim Lebensteppichseminar nehmen wir nun die einzelnen Tortenstücke und übertragen sie in eine senkrechte Grafik, indem wir sie wie Bauklötze hochkant übereinanderstapeln. An der Spitze ziehen wir dann einen Strich – die Zufriedenheitslinie.

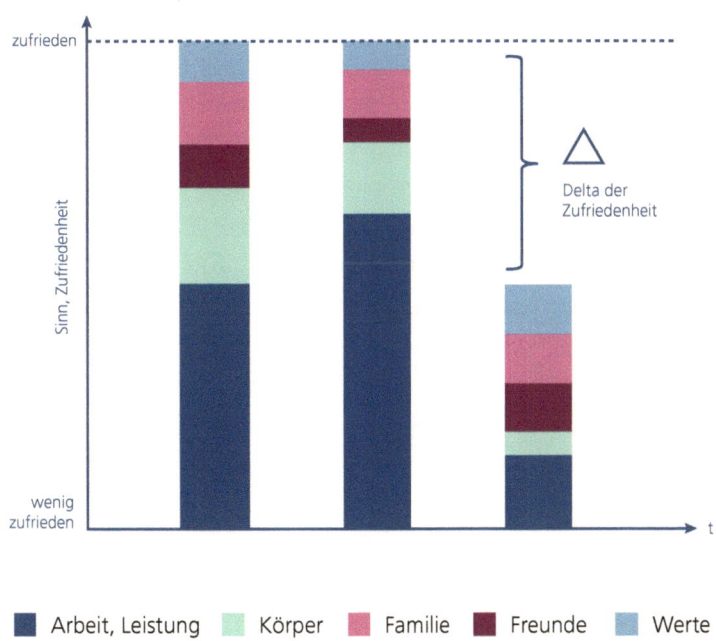

Die Zufriedenheitslinie ziehen wir an der Spitze der Blöcke, weil uns diese Anordnung als Ausgangsbasis bei der Veranschaulichung eines wichtigen Effektes helfen soll. Und das geht so:

Die Bausteine bleiben im Laufe des Lebens aufeinandergetürmt. Dabei können sie durchaus von Lebensphase zu Lebensphase variieren. Kleine Kinder brauchen mehr Zuwendung als Teenager, der Eintritt in einen neuen Job verlangt mehr Aufmerksamkeit als ein langjähriger Job mit einer gesunden Routine. Die eigentliche Herausforderung beginnt, wenn eine drastische Veränderung eintritt. So z. B. für Menschen, die sich vor allem über ihre Arbeit definieren. Für sie wird es in dem Moment schwierig, wenn sie arbeitslos werden oder das Pensionsalter erreichen. Plötzlich bricht der größte Sinnblock weg. Von einem auf den anderen Tag klafft ein riesiges Loch im Diagramm, je nachdem zwischen 30, 40, 50 oder sogar noch mehr Prozent. Und diese erzeugt auf unserem Senkrecht-Diagramm eine beachtliche Fallhöhe. Und auch auf dem Tortendiagramm fehlt von einem auf den anderen Moment ein ganz großes Stück vom Lebenskuchen, der jetzt wie abgegessen aussieht. Sehr augenfällig wird auf diese Weise sichtbar, dass es sich immer lohnt, das eigene Leben von Zeit zu Zeit auf den Prüfstand zu stellen. Lebe ich wirklich in der Gewichtung, die ich mir einmal vorgestellt habe? Muss die Arbeit wirklich alles sein? Was muss ich tun, damit ich mehr Zeit bekomme für Familie, für Partnerschaft, für Freunde, für Nachbarn – für mich selbst. Und wie verhindere ich, dass ich beim Eintritt ins Rentenalter oder bei einer plötzlichen Arbeitslosigkeit in ein riesiges Loch falle?

Vordenken in guten Zeiten

Wer sich mit diesen Fragestellungen nicht rechtzeitig beschäftigt, der läuft Gefahr, im Akutfall in eine tiefe Sinnkrise zu stür-

46

zen, weil dann die Stressfaktoren steigen und ein klares, besonnenes Denken zumindest erschweren. Sehr hilfreich ist es daher, in guten Zeiten über mögliche Zukunftsszenarien nachzudenken. Wichtig ist daher vor allem, dass sich jeder Mensch in Abständen eine Auszeit nimmt, um Bilanz zu ziehen und einen planvollen Blick in die Zukunft zu werfen.

Gerade bei Leistungsmenschen mündet der Wegfall der bisherigen Arbeitsstelle psychologisch nicht selten in einer fatalen Schlussfolgerung: »Ich bin nichts mehr wert, für mich interessiert sich niemand mehr.« Vorsicht! Diese Erkenntnis könnte sich zu einem Grundgefühl verdichten und schließlich in einer Depression münden; Näheres dazu siehe Kapitel über die Babyboomer. Daher ist es gut, vorher zu wissen, welche Ziele und Schwerpunkte man noch außerhalb des aktuell angestammten Arbeitsplatzes bespielen will.

Doch anstatt die Zeit zu nutzen, kümmern sich die meisten eben nicht darum, wie es im eigenen Leben weitergehen könnte. Schließlich gibt es immer Projekte, die »erst noch« erledigt werden wollen. Oder wenn schon einmal Freizeit ist, dann will man diese doch einfach »nur mal« zur Erholung nutzen. Das ist natürlich verständlich. Aber auch hier lohnt sich ein kleiner Plan. Lieber klein anfangen, und täglich nur 10 Minuten auf die Zukunftsplanung verwenden, als gedankenverloren auf dem Smartphone herumzuwischen. Dann doch lieber mit jemanden telefonieren und gemeinsam über Ziele und Träume reden statt übers Wetter. Oder das Smartphone beiseite packen, die Serie vom Streamingdienst stoppen und mit dem eigenen Partner endlich mal wieder ein echtes Gespräch beginnen.

Denn wenn der Ruhestand eingetreten oder die Arbeitslosigkeit wirksam ist, dann werden die ehemaligen Kollegen und Geschäftspartner sich nicht in dem Maße um mich kümmern können, wie es nötig wäre, um das große Loch in meinem Leben zu stopfen. Sie müssen sich jetzt selbst auf einen neuen Mitarbeiter/ Chef/Geschäftspartner einstellen oder mit der eigenen Arbeitslosigkeit zurechtkommen. Die Kontakte, die über diese Aufgabe liefen, mögen hier und da noch für ein nettes Feierabendbier reichen, aber die entstandene Lücke in meinem Lebensdiagramm können sie nicht mehr füllen. »Wissen Sie«, erzählt der ehemalige Mitarbeiter eines Universitätsinstituts in München, »bei der ersten Weihnachtsfeier haben sich alle noch gefreut, mich zu sehen, und mein ehemaliger Chef hat sich richtig für mich Zeit genommen, aber ein Jahr später kannte ich viele Mitarbeiter schon nicht mehr und mein Chef musste sich natürlich vor allem um die Neuen kümmern, was ich gut verstehen kann. Ich habe erkannt, dass dieses Kapitel in meinem Leben endgültig abgeschlossen ist.«

Nicht nur auf die Arbeit und die Karriere schauen

Eines dürfte nunmehr aber klar sein. Auch wenn es das Normale in unserer Gesellschaft darstellt – es wäre töricht, zwanghaft das ganze Leben auf die Arbeit auszurichten und nur dort den eigenen Fokus zu sehen, wenn man das in Wirklichkeit gar nicht möchte. Die jüngeren Generationen haben dafür bedingt durch zahlreiche Praktika und die vielen Zeitverträge, die sie durchlaufen mussten, schon eher einen anderen Blick darauf. Die älteren Generationen aber neigen erfahrungsgemäß trotz der viel beschworenen Work-Life-Balance eben doch noch dazu, diese Balance als reines Kraftschöpfen für den nächsten Arbeitseinsatz zu sehen. Für Menschen, die dies tatsächlich für sich als Belastung empfinden, wäre es eine Überlegung wert, die Aktivitäten im eigenen Lebensdiagramm anders zu verteilen. Aber auch hier gilt: Niemand hat niemandem vorzuschreiben oder zu empfehlen, wie sein Lebensdiagramm auszusehen hat. Hilfreich könnten Fragen sein, wie diese:

48

- Wie zufrieden bin ich mit meiner momentanen Situation?
- Passt das, was ich aktuell mache, noch zu mir?
- Wieweit ist das, was ich gerade tue, auch stimmig für die Zukunft?

Mag sein, dass es noch wie Utopie klingt, aber vielleicht haben wir durch die aktuelle Corona-Krise schon gelernt, andere Prioritäten zu setzen. Muss es wirklich sein, für zwei teure, aber kurze Urlaubsreisen im Jahr zu schuften, muss die Hochzeit wirklich so pompös ausfallen wie in den gängigen Hollywoodfilmen, brauchen wir wirklich eine Kücheninsel mit allen Schikanen, während unsere Großmutter auf ihrem schlichten Elektroherd mit den klobigen schwarzen Platten das schönste Essen zubereitet hat? Könnten wir nicht durch den Ansatz, finanziell sparsamer zu planen, mehr Zeit für uns selbst und für unsere sozialen Kontakte gewinnen und damit entspannter und ausgeglichener leben?

Wenn Sie jetzt antworten, das geht doch nicht, das ist doch realitätsfremd, das ist doch gar nicht machbar – wird es dann nicht tatsächlich Zeit, grundsätzlich über unsere Prioritäten in unserer Gesellschaft nachzudenken und intensiver zu fragen, was unser Leben in Zukunft eigentlich prägen soll …

49

5

ERSTE KONKRETE SCHRITTE PLANEN

Nach dem Rückblick und einer persönlichen Auswertung, bei der nur jeder so viel preisgibt, wie er den anderen Teilnehmern oder im Einzelseminar dem Coach mitteilen möchte, beginnt der zweite Teil der Lebensteppicharbeit mit dem Ausblick nach vorne in Richtung Zukunft. Welche Erkenntnisse hat der einzelne aus der Arbeit mit dem Lebensteppich gewonnen, was könnten erste konkrete Schritte sein? Wie beim Lebensteppich durch die Einteilung in Quadranten und vor allem dadurch, dass jedes einzelne Lebensjahr seinen eigenen Platz im Lebensteppich hat, denken die Teilnehmerinnen und Teilnehmer bereits im Rhythmus der kleinen Schritte. Auch diese Arbeit verrichtet jeder für sich allein. Und wieder steuern alle selbst, wieviel die anderen oder der Coach im Nachgang erfahren sollen. Wichtig ist, dass sie tatsächlich Ziele beschreiben und sich ein Bild machen, wie diese Zug um Zug erreicht werden können und wann es konkret losgehen soll, statt dass die Ideen und Pläne der leider nur allzu menschlichen »Aufschieberitis« zum Opfer fallen und im Sande versickern. Ihre Ergebnisse halten die Teilnehmenden auf Karten fest und besprechen es, wenn sie mögen, mit der Gruppe oder mit den Coaches.

Und damit endet der Halbtagesworkshop. Die Fortsetzung findet dann in der Folgewoche mit einem individuellen Telefongespräch zwischen Coach und Teilnehmer statt, um das Erlebte noch einmal zu reflektieren und über die praktische Umsetzung des allerersten Schrittes zu sprechen. Wer jetzt im Fluss bleibt, hat gute Voraussetzungen, wirklich etwas für sich zu verändern und zu gestalten und am Ende aus seinen Träumen ein neues Stück gelebten Lebens zu machen.

Das Leben nicht einfach auf sich zukommen lassen

»Das Seminar hat mir sehr geholfen, mein Leben stärker als bisher in die Hand zu nehmen, statt es einfach weiter auf mich zukommen zu lassen.« So und so ähnlich berichten es Teilnehmerinnen und Teilnehmer immer wieder. Selbstvertrauen und Gestaltungswille wurden bei ihnen neu geweckt und ihr Wunsch nach Eigenständigkeit ist gewachsen.

Es entwickelt sich eine Dynamik, die herausführt aus dem Verharren im Ist-Zustand hin zu einem zukunftsorientierten Blick. Die Gegenwart ist nicht länger die Endstation, sondern die »Poleposition«, aus der heraus der Start in die Zukunft beginnen kann. Die Wahrnehmung ist nicht mehr so sehr fixiert auf die akuten Probleme. Die Blickrichtung geht nunmehr nach vorne und fragt stärker als bisher nach Chancen und Möglichkeiten.

Beruflich und persönlich verändert

Die Palette dessen, was die Teilnehmenden bei sich verändern, ist dabei breit und individuell. Die einen treffen Entscheidungen für ihr Berufsleben, andere wiederum justieren ihre Lebenseinstellung nach.

Manche suchen tatsächlich nach einem neuen Beruf oder einem anderen Anstellungsträger, es gibt in Einzelfällen aber auch diejenigen, die einen radikalen Wandel für geboten halten, und ihren an und für sich sicheren Job kündigen, weil sie entdeckt haben, dass eine Selbstständigkeit besser zu ihnen passen könnte. Wieder andere entdecken mit Freude, dass sie abgesehen von den typischen alltäglichen Herausforderungen, mit denen jeder sich plagt, eigentlich genau am richtigen Platz sind.

Das Lebensteppichkonzept will niemandem etwas überstülpen und in eine bestimmte Richtung drängen. Der Erfolg liegt darin, dass Menschen ihre eigenen Gaben erkennen und zu schätzen wissen, um daraus eine tragfähige Entscheidung für die nächsten Schritte Richtung Zukunft fällen zu können.

Keine Veränderung um der Veränderung willen

Wenn die Erkenntnis die ist, dass zunächst eine Auszeit das sinnvollste sein kann, dann ist das genauso in Ordnung wie ein kompletter beruflicher Neustart. Nicht alles aber soll und muss in eine bezahlte freiberufliche Tätigkeit oder in einen Arbeitgeberwechsel münden. Auch hier geht es nicht um einen Wettbewerb der größten und radikalsten Wechselszenarien. Jede Veränderung ist nur dann eine gute Veränderung, wenn sie wirklich dran ist und eine echte Antwort auf das bisherige Leben darstellt. Bitte keine Veränderung um der Veränderung willen!

Manche finden den Mut, ihr Leben besser auszubalancieren. Nicht wenige Teilnehmer berichten, dass sie den Anschub bekommen haben, auch ihre Freizeitgestaltung aktiver anzugehen und damit einen erfrischenden Ausgleich zum Alltagsstress zu bekommen. Wer gestresst nach einem langen Arbeitstag nach Hause kommt, der merkt schnell, dass es allemal erfüllender ist, den Pinsel bei einem Aquarellbild zu schwingen, in die Tasten

53

des Keyboards zu greifen, in seine Sportkleidung zu schlüpfen oder Freunde zu besuchen als bis spät in die Nacht ziellos im Internet zu surfen und dabei missgelaunt an die Arbeit zu denken, um darüber einzuschlafen und nach einer unruhigen Nacht wie gerädert aufzuwachen.

Bessere Fokussierung

Es gibt auch Menschen, die ihre gesamte Grundhaltung verändern. Manche beginnen, intensiver über das Leben nachzudenken, sie erweitern ihren Horizont und merken, dass das Leben mehr ist als das funktionstüchtige Rotieren im Hamsterrad von Haushalt und Beruf. Andere wiederum schöpfen mehr Kraft als bisher aus einer Haltung der Dankbarkeit gegenüber ihren Gaben und Fähigkeiten – all das hilft dabei, gelassener zu werden, oder wie es eine Teilnehmerin genannt hat: »Es bleibt eine Ermutigung und positive Bestätigung als Grundgefühl.« Und genau das soll die Teilnehmerinnen und Teilnehmer des Lebensteppichs zukünftig tragen. Dass sich dabei jede Generation gewinnbringend in unsere Gesellschaft einbringen kann und die Chancen für den Einzelnen gut dafür stehen, daran teilzuhaben, darf als zusätzlicher Motivator gewertet werden.

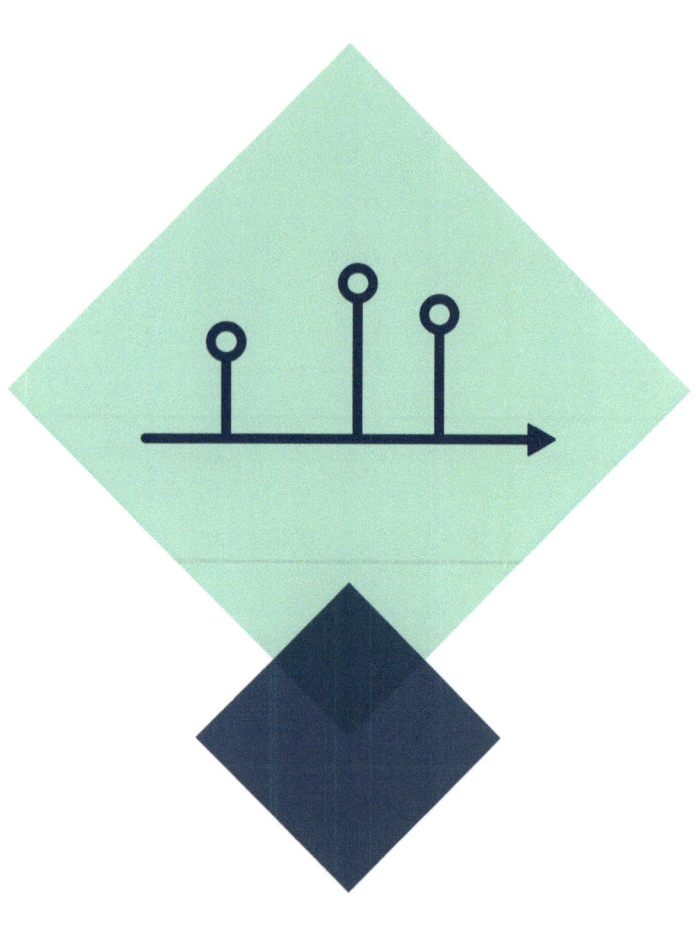

6

GEBRAUCHT WERDEN WIR ALLE

Wir haben bis ins Frühjahr 2020 in einer Multioptionsgesellschaft gelebt. Alles war möglich, alles wollte erschlossen werden. Doch die Corona-Pandemie hat zunächst alle Zeichen auf Stopp gesetzt. Wie es danach wirklich weitergeht, lässt sich derzeit noch nicht abschätzen. Feststeht, dass wir schneller als gedacht in eine Umbruchsituation hineingeschliddert sind, deren Ausgang noch keiner kennt. Dies kann viele Menschen vor ganz neue Herausforderungen stellen, vor allem beruflicher Art. Darauf werden die einzelnen Generationen mit denen ihn eigenen Voraussetzungen und Möglichkeiten reagieren. Ungebremst weitermachen können wir sicherlich nicht. Es kann sogar sein, dass viele herausgefordert sein werden, etwas Neues zu beginnen und umdenken zu müssen. Das Gute daran ist, dass die derzeitig beruflich aktiven Generationen besser als all ihre Vorfahren gut darin geübt sind, sich in fortwährenden Veränderungsprozessen zurechtzufinden.

Was die einzelnen Generationen für Stärken mitbringen

Die herrschenden Umstände begünstigen dies, weil wir mitten in der digitalen Revolution leben, wo Dinge, die gestern noch Zukunftsmusik waren, heute schon der Vergangenheit angehören. Aber hallo, ist das nicht wunderbar!?! Wir müssen nicht

57

stehen bleiben. Hinterm eigenen Horizont geht's weiter! Mehr als je zuvor in der Menschheitsgeschichte stehen uns über das World-Wide-Web Bildungsressourcen zur Verfügung, die wir uns mit einem einzigen Klick oder Daumenwisch zugänglich machen können. Neue Tätigkeiten und Berufsfelder etablieren sich binnen kürzester Frist. Den Beruf der Social-Media-Managerin z. B. kannte man vor wenigen Jahren noch gar nicht, heute gehört er zum festen Repertoire einer jeden PR- oder Marketing-Abteilung. In den sozialen Netzwerken präsentieren sich die jungen Influencer mit ihren frischen Ideen und zunehmend auch die älteren Jahrgänge als Golden Mentors (wie sie der Zukunftsforscher Matthias Horx in seiner Arbeit über die spezifischen Merkmale der einzelnen Generationen nennt[7]), die ihre Lebenserfahrung gerne mit anderen teilen. Industrie, Dienstleistung und Verwaltung revolutionieren sich immer weiter und weiter. Dafür braucht es Menschen, die kreativ nach Neuem streben, und Menschen, die darauf achten, dass die guten Werte dabei nicht auf der Strecke bleiben, und wiederum dritte, die diese beiden Pole zusammenhalten. Ein großes Konzert der Generationen und Mentalitäten. Und das ist die gute Botschaft bei all dem:

> Gebraucht werden wir alle, quer durch die Generationen. Beruflich, ehrenamtlich und privat. Jede Fähigkeit, jede Kenntnis, jedes Engagement ist hoch willkommen. Jede Generation hat den anderen etwas zu sagen, aber auch jeder Einzelne kann sich einbringen. Was einzig zählt ist die Offenheit und die Neugier auf frische Ideen.

---

7   https://www.zukunftsinstitut.de/artikel/lebensstile/die-pioniere-der-neuenarbeitswelt/

Wie gut, dass die unterschiedlichen Generationen, die unsere Welt derzeit aktiv gestalten und lenken, ihre jeweils besonderen Gaben haben. Wenn es optimal läuft, dann hat ein Betrieb oder ein Verein seinen Generationenpool von jüngeren, mittleren und älteren Jahrgängen, die sich aber nicht misstrauisch beäugen (»Was wissen die denn schon, die können doch noch gar nicht/gar nicht mehr mitreden«), sondern sich jeweils mit ihren Kenntnissen und ihrem jeweils eigenen Gepräge gegenseitig befeuern.

Vertreterinnen und Vertreter all dieser Generationen haben an den Lebensteppich-Seminaren teilgenommen. Was sie auszeichnet, was sie einbringen können, mit welchen spezifischen Herausforderungen sie zu kämpfen haben und welche Chancen sich für sie bieten, stellen wir deshalb in den folgenden Abschnitten dar.

DIE MILLENIALS

Die Jahrgänge 1981 bis 1996

Sie werden einmal in die Geschichte eingehen als die Generation, bei der der Jahrtausendwechsel zu den großen einschneidenden Erlebnissen ihres noch jungen Lebens zählte. Daher werden die Jahrgänge 1981 bis 1996 auch gerne als Millenials (»Jahrtausender«) bezeichnet. Ein ganzes Jahrhundert hatte die Menschheit auf diesen markanten Datumswechsel hingearbeitet. Das Jahr 2000 war die magische Jahreszahl schlechthin. Ein Synonym für die Zukunft. In den positiven Utopien dieser Zeit las sich das so: Die Menschheit würde den Mond besiedelt haben und schließlich im ganzen Weltraum zu Hause sein. Auf der Erde würde man in fliegenden Autos und Zügen mit Schallgeschwindigkeit hin und her eilen und in Megastädten mit Wolkenkratzern bis in den Himmel und riesigen Geschos-

59

sen unter der Erde ein gesichertes und unangefochtenes Leben genießen – ein einziges großes vernetztes Gebilde mit wenig Hierarchien.

Gedanklich also gar nicht so weit entfernt von der Globalisierung mit ihrer Tendenz zu den Megacitys und in gewisser Weise nah dran an der großen Vernetzungsszenerie des World Wide Web. Und genau da hinein sind die Millenials geboren als integraler Bestandteil des »www«. Im Gegensatz zu ihren Eltern oder gar Großeltern, die noch ganz bewusst »ins Internet gehen«, ist für sie online-leben und digital mit der ganzen Welt vernetzt sein so selbstverständlich wie die Luft zum Atmen. Anders als sämtliche Generationen in der gesamten Menschheitsgeschichte vor ihnen, sind sie Teil eines scheinbar schier unendlichen Meeres der Möglichkeiten und Optionen. Anders auch als alle Vorgängergenerationen sind sie, zumindest in den freien demokratischen, westlichen Gesellschaften zu Hause auf der ganzen Welt.

The World Is My Castle

In München aufwachsen, in den USA studieren, gleichzeitig in Paris leben und in Stockholm arbeiten und zum Ausspannen Kitesurfen vor einer grandiosen Küste irgendwo auf dieser Erde – dank der digitalen Vernetzung und den unbeschränkten High-Speed-Reisemöglichkeiten passt all das gleichzeitig in die Biografie eines Millenials wie Philipp[8]. Ein Laptop, ein Smartphone und gegebenenfalls ein paar weitere technische Hilfsmittel – mehr wird in vielen Berufen nicht mehr gebraucht. Die

---

8   Alle Namen von Menschen, die nicht an Lebensteppichseminaren teilgenommen haben, geändert. Ihre Geschichten aber existieren so wie hier beschrieben.

60

»Homebase« sind die sozialen Netzwerke, Papas Aktenschrank ist einer Cloud gewichen, die auf einem Server irgendwo auf dieser Welt ruht und deren Inhalte dank smarter Vernetzung jederzeit abrufbar sind. Arbeiten lässt es sich am klassischen Schreibtisch genauso wie im Café oder in der Lounge eines Bahnhofs oder unter einem Baum im Park irgendwo auf dieser Welt. In den Metropolen werden daher schon seit einiger Zeit möblierte Wohneinheiten zu hohen Preisen wochenweise vermietet. Sie sind darauf ausgerichtet, dass ihre solventen Bewohner schnell weiterziehen an einen anderen Ort dieser Erde, weil sie jetzt dort gebraucht werden.

»Schön zu Hause zu sein«, postet Influencerin Kati auf ihrem Instagram-Account und meint damit gleichzeitig ihre deutsche Heimatstadt und einen Ort in Kalifornien, wo sie wechselweise je nach Job und Auftragslage wohnt.

Natürlich leben die wenigsten Millenials tatsächlich in dieser extremen Ausprägung – es gibt immer noch die breite Mehrheit, die ihr Haus auf dem Land oder in der Vorstadt baut. Aber die vernetzte, global agierende Welt mit ihren unendlichen Möglichkeiten stellt für die Vertreterinnen und Vertreter dieser Generation das grundsätzliche Lebensgefühl dar. Denn auf ihren Laptops flimmern Netflix-Serien, die genau dies abbilden: Menschen Ende 20, die zwischen den Kontinenten unterwegs sind und in Echtzeit rund um die Welt kommunizieren und als Geistesverwandte eine globale Gemeinschaft bilden, gleich welcher Hautfarbe, welchen Geschlechts und welcher Herkunft sie sind.

Wenn aus Wahlfreiheit Qual wird

Genau dies kann aber zur Krux werden. Dann nämlich, wenn die Entscheidungsmöglichkeiten nicht mehr als Chance erscheinen, sondern als Last und Überforderung. »Ich könnte noch so viel ausprobieren«, berichtet Samira aus Frankfurt/M, »und das werde ich wohl auch, weil ich neugierig auf vieles bin. Aber gleichzeitig fühle ich mich darin auch ein bisschen verloren. Ich weiß manchmal selbst nicht mehr genau, was ich und andere von mir erwarten.«

Ihre Ausbildungen und Studiengänge hat Samira alle zu Ende gebracht – ausprobieren und dann mittendrin abbrechen ist nicht »ihr Ding«. Amerikanistik und soziale Arbeit hat sie bereits abgeschlossen und dazu in vielen Sparten diverse Berufspraktika absolviert. »Das gehört eben auch zu unserer Generation«, sagt Samira, »oft bietet man uns nur Praktika an oder möglichst kurze Zeitverträge. Wie soll man da eine langfristige Perspektive entwickeln und sein Leben in beruflich gefestigte Bahnen lenken?«

Kann man dieser Generation vorwerfen, dass sie »schnell kündigt«, wie das Sinus-Institut[9] in seinen soziologischen Forschungen als Vorurteil, mit dem andere dieser Generation begegnen, identifiziert hat? Wohl kaum. Wer als Physiotherapeutin von Kliniken nur Ein-Jahresverträge bekommt und zum Wochenendpendeln über hunderte von Kilometern gezwungen ist wie Katja aus Thüringen, von der kann man schlecht verlangen, dass sie eine innere Bindung zu den Häusern aufbaut, in denen sie tätig ist. »Bevor ich mich richtig eingearbeitet habe, muss ich mich ja schon wieder nach etwas Neuem umschauen«, beschreibt Katja das Gefühl des »Nie-Richtig-Ankommens«, das auch Samira kennt.

Lernwillig und arbeitsfreudig

Hier könnte unsere Gesellschaft Samira und Katja helfen. Denn beide repräsentieren zwei positive Eigenschaften ihrer Generati-

---

9 www.sinus-institut.de

on, die für Anstellungsträger und Auftraggeber sehr interessant sind: Lernwille und Arbeitsbereitschaft, wie das Sinus-Institut für diese Generation auf der Habenseite herausgearbeitet hat. Hier könnten Arbeitgeber anknüpfen und den Millenials nicht nur kurzfristige Perspektiven bieten. Sie würden durchaus gut mit ihnen fahren. Denn:

> Die Millenials sind projektorientiert und flexibel, weil sie nicht an einer einzigen Aufgabe kleben, und bringen genau die Wendigkeit mit, die derzeit so dringend gebraucht wird, um mit den Entwicklungen Schritt zu halten. Sie sind gewachsener Bestandteil der digitalen Welt 4.0, die sich die anderen Jahrgänge selbst bei großer Aufgeschlossenheit erst Schritt für Schritt erschließen müssen.

Der zweite Bildungsweg

Das muss beileibe nicht denen vorbehalten bleiben, deren vorgeprägter Weg aus Abitur und Studium besteht. Das duale Ausbildungssystem in Deutschland und die guten Möglichkeiten, von der Pike auf in ein Berufsfeld hineinzuwachsen, und dann Fortbildungen und Studiengänge draufzusatteln, sollte nicht aus dem Fokus geraten. In mittelständischen Betrieben sind Menschen, die sich noch buchstäblich am eigenen Leib einen Produktionsprozess angeeignet haben, interessante Partner.

So stellt eine Baumarktkette, die vor allem in West- und Mitteldeutschland aktiv ist, bevorzugt ausgebildete Handwerker ein, weil diese ihre Kunden optimal beraten können und manchen Kniff weitergeben. Die Kunden ihrerseits quittieren dies nicht selten mit einer großen Treue zum Unternehmen, das auf diese Weise schnell zum »Baumarkt ihres Vertrauens« avanciert.

Aber auch in vielen mittelständischen Industrieunternehmen sind arbeitsfreudige und lernwillige Mitarbeiter geschätzt, die als Lehrling oder Quereinsteiger zunächst ganz klassisch in der Fertigung beginnen. Sie bekommen dort ein grundsolides Wissen über das Handwerk und über den Betrieb vermittelt, das auf der Schulbank oder im Hörsaal so nicht zu erlangen wäre. Manche Betriebe ermöglichen es ihren jungen Mitarbeitern, später berufsbegleitend eine Zusatzausbildung zu machen oder Fortbildungen zu absolvieren, um die jungen Leute im Unternehmen zu halten. Die klassische Abendschule ist ebenfalls eine gute Option.

Onur z. B. hat ursprünglich als Maler-Lackierer begonnen. Nach erfolgreicher Gesellenprüfung bot sich die Möglichkeit für ihn, in einem metallverarbeitenden Betrieb in der Autozulieferindustrie zu beginnen. Zunächst als Arbeiter am Band qualifizierte er sich rasch zum Schichtleiter und absolviert gerade seine Ausbildung zum Industriemeister. Sein Kollege Cem, den er aus dem Autozulieferbetrieb kennt, und der dort eine klassische Lehre gemacht hat, wird bald eine Ausbildung zum Industrietechniker abschließen. Beide gemeinsam planen sie danach ein Studium als Wirtschaftsingenieure.

Den roten Faden finden – fokussieren

Für die Millenials selbst ist es gut, sich von all den Angeboten um sie herum nicht erschlagen zu lassen, sondern ganz klar herauszuarbeiten, wo sie zukünftig ihren Fokus setzen, so wie Onur und Cem es fast auf natürliche Weise getan haben. Schritt für Schritt ergab sich für sie ihr Weg. Bei anderen, wo dies nicht so ohne weiteres geschieht, eignet sich ein Lebensteppichseminar in besonderer Weise. »Ich habe endlich meinen roten Faden gefunden«, freut sich eine Teilnehmerin.

Dazu gehört, die Dinge zu sortieren und vielleicht auch mal das eine oder andere auszublenden. Sich die natürliche Offenheit bewahren, aber dennoch klar einen Weg gehen, das ist für die Vertreterinnen und Vertreter dieser Generation jetzt dran. Denn auch sie wollen letztlich sesshaft werden. Partnerschaft und Familie, die bei ihnen laut Sinusstudie hoch im Kurs stehen, können eben nicht nur virtuell geträumt werden, sondern brauchen vor allem reale Gestalt.

Samira und Katja haben schließlich auf ihre Weise das Beste aus ihren Erfahrungen gemacht: Samira hat ihre Sprachkenntnisse aus dem Studium und ihr Wissen aus der sozialen Arbeit gebündelt und arbeitet jetzt in einem internationalen Projekt. Katja weiß aufgrund ihrer zahlreich wechselnden Einsatzorte inzwischen ziemlich gut, was ihre Patienten brauchen und wie man ihnen am besten helfen kann. Sie hat sich gerade mit einer kleinen Praxis selbständig gemacht.

In Projekten agieren

Dass diese Generation nicht nur flexibel ist, sondern auch Bereitschaft zeigt, sich engagiert einzubringen, hat im Frühjahr 2020 die Corona-Krise gezeigt. An vielen Orten gab es Initiativen gerade von jüngeren Leuten, die sich organisiert haben, um für Ältere einzukaufen und andere Hilfsdienste zu leisten. Eine typische Art, wie diese Generation die gesellschaftlichen Herausforderungen anpackt, nämlich in Form von Projekten. Sie schaut, was gebraucht wird, packt zu und wird in einer anderen Herausforderungslage andere Dinge anpacken, weil ihr das situative Handeln und das situative Agieren in die Wiege gelegt wurden. Denn wenn nicht für diese Generation, für wen dann ist der stete Wandel das Normale.

DIE GENERATION GOLF

Die Jahrgänge 1968 bis 1980

Die Generation X oder die Generation Golf, wie sie der Autor Florian Illies[10] nennt, gehört mit ihren Jahrgängen 1968 bis 1980 in eine Zeit, als der VW Golf entwickelt wurde und seinen Siegeszug auf den Straßen nahm. Der Golf war damals eine echte Revolution und steht für einen drastischen Wandel in unserer Gesellschaft. Mit diesem Wandel ging die Nachkriegszeit endgültig zu Ende und wurde abgelöst von einer bunten Pop-Kultur und einer Welt des rasenden technischen Fortschritts. So wusste auch der Volkswagenkonzern, dass er mit dem Käfer zwar das Erfolgsauto schlechthin auf den Markt gebracht hatte, aber er wusste auch, dass das Konzept für dieses solide Auto (»Er läuft und läuft und läuft«) letztlich noch aus der Vorkriegszeit der 1930er Jahren stammte. So konnte man in den 1970ern nicht zukunftsfähig bleiben. Neue Technologien waren erforderlich, von der Motorleistung über die Fahrsicherheit bis hin zur Bequemlichkeit. Niemand wollte mehr im Winter mit Heckantrieb über die Straßen schlingern und dabei gleichzeitig von innen ständig die Scheiben freiwischen. Ein Wechsel war dringend geboten.

Zuverlässig und innovativ

Und so entstand der Golf. Komplett anders in der Produktionsweise, im Aussehen und in der Wirkung. Klare Linien, größere Scheiben, bequeme Sitze, angenehmer Bedienkomfort. Ein solides Fahrgefühl, pragmatisch, aber selbstbewusst, vielseitig, flexibel, zukunftsorientiert. Weg vom lautstarken Rasseln des

---

10 Illies, Florian: »Generation Golf, eine Inspektion«, Argon Verlag, Berlin, 2000

66

Boxermotors mit Luftkühlung (»Dremm, dremm«) hin zum sanften Schnurren des wassergekühlten Viertakters. Wie der Käfer wurde der Golf ebenfalls bald ein Klassiker; selbst die DDR importierte in den 1980er Jahren eine größere Charge dieses schicken Alltagsflitzers aus der kapitalistischen »BRD«.

Technisch versiert – begeistert für Sinnstiftendes

Florian Illies hat in einem tieferen Sinne recht, wenn er die Menschen, die in der Entstehungszeit des Golfs geboren wurden, als Generation Golf bezeichnet. Denn das Lebensgefühl dieser Jahre hat sich auf sie übertragen. So werden sie als pragmatisch, selbständig und ergebnisorientiert beschrieben, wobei sie gleichzeitig nach einer hohen Lebensqualität streben[11]. Sie haben den technischen Fortschritt erlebt und waren Teil davon, gleichzeitig haben sie anhand der Ölkrise und des RAF-Terrorismus sowie der DDR-Repressalien gesehen, dass das gesellschaftliche Leben bei weitem nicht nur aus Fortschrittsfreude besteht. Die Generation Golf ist technisch versiert, weil ihr ganzes Leben daraus bestand, dass Technik sich ständig revolutioniert. Diese Generation hantiert selbstverständlich mit dem Smartphone, schreibt aber noch gerne zusammenhängende Texte in längere E-Mails und weiß gleichzeitig die neuen Möglichkeiten des cloudbasierten und vernetzten Arbeitens zu schätzen. Gleichzeitig kann ein Arbeitgeber sie dadurch gewinnen, dass ihre Aufgaben einen Sinn haben, solange die Work-Life-Balance stimmt und eine gewisse Unabhängigkeit im Denken möglich ist. Die Arbeit ist zwar nicht alles, wie sie es noch bei vielen Babyboomern der Fall ist, die Arbeit gehört aber dazu, um den eigenen Lebensstand zu

---

11 https://www.absolventa.de/karriereguide/berufseinsteiger-wissen/xyz-generationen-arbeitsmarkt-ueberblick

sichern. Deshalb und dafür ist die Generation Golf auf Betreiben ihrer Eltern gut ausgebildet worden. Wie die Babyboomer sollten auch sie es »einmal besser haben« als ihre Vorfahren, denen noch die Entbehrungen des Krieges in den Knochen steckte.

> Mit diesen Eigenschaften im Portfolio ist die Generation Golf die ideale Besetzung, um eine Brücke zu schlagen zwischen den jungen, nachrückenden Generationen und den älteren Babyboomern. Mit beiden verbindet sie etwas – mit den Jüngeren die Dynamik, mit den Älteren der gemeinsame Erfahrungshorizont.

Gut gerüstet für Führungsverantwortung

Damit eigenen sie sich hervorragend für Führungsaufgaben. Und diese Aufgaben warten geradezu darauf, wahrgenommen zu werden. Denn Fachleute prognostizieren bald eine Führungskrise. So diagnostiziert das Arbeitsmarktportal Personalentwicklung der Weka-Learning-Group, dass nur 7 bis 10 % aller Kräfte auf dem Arbeitsmarkt bereit sind, eine Führungsrolle zu übernehmen[12].

Hier kann für den einzelnen eine veritable Chance liegen. Nötig dazu sind der Wunsch, nicht im gleichen Trott der letzten Jahre zu verharren, die Lust auf Neues und ein im besten Sinne gesundes, realistisches Selbstbewusstsein, das die eigenen Stärken kennt und zu aktivieren weiß – entweder bei Aufstiegschancen in der eigenen Firma oder, wenn sich diese nicht bieten, extern bei einem neuen Arbeitgeber. Hinderlich hingegen ist das alte Denken, dass man lange in einem Unternehmen ausharrt und

---

12 https://personalentwicklung.weka-learning-group.com/recruiting/
generationen-x-y-z-was-arbeitgeber-beachten-sollen

dass ein Arbeitsplatzwechsel die große Ausnahme bleibt in der eigenen Biografie, mit dem viele Vertreter der Generation Golf noch groß geworden sind.

Gar nichts mehr von den eigenen Fähigkeiten gewusst

Die Geschichte von Nicole zeigt, dass es für Menschen der Generation Golf, die schon eine lange, angestammte Berufslaufbahn hinter sich haben, mitunter eine Zeit dauern kann, bis das Wissen um die eigenen Werte erwacht. »Ich habe gar nicht mehr daran geglaubt, dass ich bei einem anderen Arbeitgeber überhaupt eine Chance haben könnte«, berichtet sie. »Für mein Gefühl war ich viel zu lange bei meiner angestammten Firma.« Doch zum Wechseln fehlte ihr lange der Mut. Gleichzeitig war sie es gewohnt, auch in Schwierigkeiten auszuharren. »Das hat ja durchaus seine guten Seiten«, erzählt sie weiter, »man muss ja nicht gleich davonlaufen, wenn einem etwas nicht passt, man kann auch mal eine Sache durchstehen, das finde ich nur anständig und realistisch. Aber am Schluss war es einfach nicht mehr erträglich für mich, die neue Firmenleitung hatte einfach einen total anderen Kurs, den konnte ich nicht mehr mittragen.«

Erst als der Leidensdruck zu groß wurde, fing Nicole an, sich auf dem Arbeitsmarkt umzusehen. Dabei hatte sie in zwei Berufsbildern Erfahrung. Einmal als Kauffrau für Bürokommunikation, was sie ursprünglich als junge Frau klassisch erlernt hatte, dann aber auch im Berufsfeld der Journalistin, in das sie später hineingewachsen war. In beiden Segmenten fanden sich dann relativ rasch einige Angebote – nicht immer die besten, aber unter diesen Angeboten waren durchaus auch einige, die es galt, weiterzuverfolgen. Aktuell probiert Nicole verschiedene Jobs durch. Sie überlegt, ob sie nicht sogar eine Kombination aus Halbtagsstelle und einer zusätzlichen freiberuflichen Tätigkeit wählt, was im Journalismus nicht unüblich ist. Jetzt, wo die Kinder alt genug sind, kann Nicole sich eine Tätigkeit mit fließenden, flexiblen Arbeitszeiten sogar sehr gut vorstellen.

Bei Nicole waren es also gar nicht die mangelnden Fertigkeiten und auch keine mangelnde Flexibilität. Beides hatte sie in ihrem Portfolio. Was ihr mehr im Weg stand, war das verschüttgegangene Selbstvertrauen und die Kenntnis ihrer guten Eigenschaften, so wie dies in den Lebensteppichseminaren ins Bewusstsein der Teilnehmer gerufen wird. Bei Nicole hingegen bedurfte es leider erst einer handfesten Krise, um dieses Bewusstsein zu wecken.

Durchaus immer mal wieder eine Initiativbewerbung starten

Es ist also ratsam, sich durchaus schon früher seiner eigenen Gaben zu vergewissern, und, wie schon oben beschrieben, nicht erst auf Krisenzeiten zu warten. Rund die Hälfte aller Arbeitnehmer liebäugelt laut einer Studie aus dem Jahr 2018 mit einem Wechsel des Arbeitgebers[13], berichtete der Berliner Tagesspiel mit Berufung auf den Personaldienstleister Manpower Group. Ärger über die Firmenleitung und der Wunsch nach einem besseren Gehalt spielten dabei eine Rolle. 12 % wollten aber vor allem etwas Neues wagen und sich beruflich umorientieren. Wie viele Menschen dann tatsächlich ihren Arbeitgeber oder gar die Tätigkeit wechseln, haben Studien laut dieses Berichts bisher nicht ermittelt.

Aber möglicherweise hängt dies mit einer gewissen Trägheit zusammen, die wie bei Nicole erst unter größtem Leidensdruck

---

13 https://www.tagesspiegel.de/wirtschaft/umfrage-zum-arbeitsmarkt-jeder-zweite-berufstaetige-denkt-ueber-jobwechsel-nach/22602754.html

zum Handeln zwingt. Besser ist es daher, sich in guten und halbwegs stressfreien Zeiten auf eventuelle Wechselszenarien vorzubereiten.

Deshalb ist es durchaus hilfreich, ab und zu eine Initiativbewerbung zu starten und den eigenen Marktwert zu prüfen. Ein Bewerbungsgespräch in ungekündigter Stellung zu führen, entspannt ungemein: Die Bewerber haben nichts zu verlieren und können nur gewinnen, indem sie für den Ernstfall mehr Sicherheit erlangen. Bestenfalls springt tatsächlich eine neue Stelle bei so einer Bewerbung heraus, vielleicht lernen die Bewerber umgekehrt aber auch ihren angestammten Arbeitgeber besser zu schätzen.

Wer allerdings tatsächlich nach einem Wechsel oder einer Weiterentwicklung aus ist, der sollte sich gut vorbereiten und fokussiert an seine Bewerbungen herangehen, denn sonst ist die Gefahr zu groß, dass die Bewerbung ungelesen in den Papierkorb verschoben wird. Wichtige Informationen dazu hat der Karrierecoach Vincent G.A. Zeylmans van Emmichoven in seinem Buch »Bewerben 4.0« zusammengefasst[14], das die einzelnen Schritte von der Bewerbungsplanung bis zum erfolgreichen Beginn beim neuen Arbeitgeber aufschlüsselt und die genaue Schrittfolge aufzeigt.

Bewerbungsunterlagen frisch halten – Zwischenzeugnis nicht vergessen

Es ist also durchaus vorteilhaft, die Bewerbungsunterlagen immer auf dem neuesten Stand zu halten und nicht auf einer externen Festplatte verschmoren zu lassen. Zwischenzeugnisse

---

14 Zeylmans van Emmichoven, Vincent G.A.: »Bewerben 4.0«, Walhalla u. Praetoria Verlag, 2018

können dabei ebenfalls helfen. Aber Vorsicht. Die Anforderung eines Zwischenzeugnisses löst bei Arbeitgebern manchmal Fragezeichen aus. Dennoch gibt es ein paar Anlässe, die es möglich machen, relativ »unauffällig« ein Zwischenzeugnis zu erlangen:

◆ Wenn der Chef wechselt, dann ist es gut, von ihm ein Zwischenzeugnis anzufordern, weil er derjenige ist, der seine Mitarbeiterinnen und Mitarbeiter derzeit am besten beurteilen kann.
◆ Wenn man selbst innerhalb der Firma versetzt oder befördert wird, liegt ein Zwischenzeugnis nahe, weil ein bestimmter beruflicher Abschnitt endet. Im Beförderungsfall dürfte das Zeugnis ohnehin gut bis sehr gut ausfallen.
◆ Wer schon sehr lange im Unternehmen ist, könnte darauf verweisen, dass auch in einer gut geführten Firma das Wissen um bestimmte besondere Leistungen mit der Zeit verlorengeht.

Führung – der Blick fürs Ganze

Die Inhaber von Führungspositionen in Deutschland waren im Jahr 2016 im Durchschnitt 43 Jahre alt, wie ein Artikel der WELT unter Berufung auf wissenschaftliche Studien belegt[15]. Die Anfangsvierziger verbinden laut dieser Studien das Verständnis für die Mitarbeiter, die sie zu führen haben, immer besser mit dem Wissen um die Herausforderungen des Betriebes und können so beides besser in Einklang bringen. Gleichzeitig sind das Interesse für Neuerungen und der Wille, mit der

---

15 https://www.welt.de/wirtschaft/karriere/article150762439/Muss-man-es-bis-40-zum-Chef-gebracht-haben.html

72

technischen Entwicklung mitzuhalten, noch wach. Eine gute Kombination für künftige Arbeitgeber.

Expertenwissen – der Blick fürs Detail

Allerdings fühlt sich nicht jeder Mensch dazu berufen, sein Leben mit dem Organisieren von Sitzungen und Teammeetings zu verbringen und ist eher genervt, »ständig für andere mitdenken zu müssen« und ihnen zu sagen, »wo es lang geht«. Doch genau dafür sind Führungskräfte da: für jeden ein offenes Ohr haben, ein waches Auge auf alle Probleme werfen und bei Konflikten Vermittler, Lebenshelfer sein und vor allem das Team formen und entwickeln, so dass Ziele erreicht werden, und dabei auch für schwierige Entscheidungen Verantwortung übernehmen, wohl wissend, dass es mitunter hinterher Kritik geben wird, die man qua Jobbeschreibung aber aushalten muss.

Wer hier entnervt aufschreit: »Dafür habe ich doch nicht Maschinenbau studiert«, der hat recht und ist an anderer Stelle hoch willkommen, nämlich in der Rolle der Fach-Expertin oder des Fach-Experten. Dort sind das Maschinenbau- oder Feinwerkstudium und fachgenaue Weiterbildung genau richtig, denn das Wissen und die Berufserfahrung der letzten fünfzehn bis zwanzig Jahre, das diese Menschen mitbringen, wird mit hoher Wahrscheinlichkeit benötigt. Wem das Herz dabei aufgeht, große Informationseinheiten zu portionieren und in innovative Lösungen zu überführen, wer gerne alleine tüftelt und im Detail denkt, der ist hier genau richtig und für das Unternehmen sehr kostbar.

Jetzt die Chance auf den Wissenstransfer nutzen

Bis 2035 entsteht so laut verschiedener Statistiken eine Lücke von 5 bis 6 Millionen Arbeitnehmern. Wer sich als Vertreterin oder Vertreter der Generation Golf seiner Fähigkeiten bewusst ist, der kann mit seinem Expertenwissen beherzt an die Tür einer Firma klopfen, denn Nachrücker werden dringend gebraucht. Oder er kann versuchen, am anstehenden Wissenstransfer zu partizipieren. Unternehmensberatungen arbeiten daher an Konzepten, die dabei helfen, dieses Wissen auf die nachfolgenden Generationen zu transferieren.

Lernbereitschaft als USP (Unique Selling Point)

Es lohnt sich also für die Generation Golf, jetzt an die eigenen Berufserfahrungen anzuknüpfen und neu durchzustarten und gleichzeitig offen für eine Wissens- und Horizonterweiterung zu bleiben. Lernbereitschaft und Freude an Fortbildung gehören zur Generation Golf wie zum gleichnamigen Fahrzeug, das sich in den all den Jahren ständig weiterentwickelt hat – unverwechselbar im Erscheinungsbild, aber mittlerweile technisch komplett anders ausgestattet und im Design den heutigen Verhältnissen angeglichen und deshalb immer noch auf der Höhe der Zeit.

Für andere da sein – wenn das Ehrenamt ruft

Nicht wenige Teilnehmer der Lebensteppichseminare aus der Generation Golf wollen sich aber nicht nur beruflich einbringen, sondern auch ehrenamtlich engagieren, wie die Studie zum Lebensteppichkonzept aus Heidelberg zeigt, und sind damit dankenswerterweise Vorbild für andere.

Für die Generation Golf gibt es da viele Betätigungsmöglichkeiten. Die Familie nutzt zum Beispiel die Angebote des örtlichen

Sportvereins oder der Freiwilligen Feuerwehr für ihre Kinder.

Warum nur passiv dabei sein? Viele Sportvereine haben inzwischen ihre Fußballmannschaften fusioniert, weil nicht mehr genügend ehrenamtliche Trainer zur Verfügung stehen. Trainer diverser Kindermannschaften fungieren darüber hinaus zugleich als Schiedsrichter, weil auch dort zu wenig Menschen zur Verfügung stehen. Beste Gelegenheit also, nicht mehr nur allgemein über den um sich greifenden Werteverlust zu klagen, sondern selbst das Schiedsrichterdress oder die Feuerwehruniform anzuziehen, um die nächsten Generationen zu fördern und für sie da zu sein. Dabei müssen es nicht immer nur die Klassiker wie Fußball oder Feuerwehr sein. Genug andere Freizeitbeschäftigungen warten darauf, neu bespielt zu werden. Vorlesen, Musikmachen, Theaterspielen oder mit Kindergruppen durch die Natur wandern, um sie für die Schönheit und den ökologischen Wert von Feld und Flur frühzeitig zu begeistern – sportiv, kreativ oder was auch immer, der Phantasie sind keine Grenzen gesetzt.

Hilfsorganisationen, Kirchen, Sportvereine, karitative und soziale Einrichtungen jedenfalls warten dringend auf neue Ehrenamtliche. Was für wunderbare Möglichkeiten. Ein Ehepaar, das an einem Lebensteppich-Seminar teilgenommen hat, hat auf dieser Basis sogar ein eigenes Hilfsprojekt gegründet und erlebt dadurch viel Dankbarkeit und Wertschätzung. Sicherlich in seiner Dimension ein besonders hervorstechendes Beispiel – aber es zeigt, wohin ehrenamtliches Engagement führen kann, wenn man erst einmal damit beginnt.

DIE BABYBOOMER

Die Jahrgänge 1953 bis 1967

Die sogenannte Altersgrenze für die Babyboomer ist erreicht. Denn sie gehören zu den Jahrgängen 1953 bis 1967. Die einen sind schon in Rente, die anderen folgen jetzt Schritt für Schritt. Denen, die diesen Schritt noch vor sich haben, sei gesagt: Gute Planung für die »Zeit danach« tut Not. Denn darauf zu warten, dass einem die Aufgaben einfach in den Schoß fallen werden, ist mit einem hohen Risiko behaftet. Denn wer bis zum letzten Arbeitstag wartet, der könnte sich bald in einem tiefen Loch wiederfinden. Wissenschaftler sprechen davon, dass der ungebremste Fall ins Rentnerdasein schlimmer ist als die Pubertät und sogar krank und depressiv machen kann. Klar, da gibt es den Traum von der Weltreise, von ein paar schönen Urlauben, die man endlich erleben möchte – ohne den Druck, dass »der ganze Wahnsinn des Berufslebens in zwei Wochen wieder von vorne anfängt«. Oder da ist der Traum von einem netten Altersruhesitz. Aber wirklich Kontur hat das alles nicht. Irgendwann ist die Weltreise gemacht und das gemütliche Heim bis in den letzten Winkel ausstaffiert. Was nützt da noch die schönste Sonnenterrasse mit Blick auf die Bergwelt oder auf ein glitzerndes City-Panorama, wenn die Sinnlosigkeit des Daseins wie Mehltau von allem Besitz ergreift.

Altersdepression – eine echte Bedrohung

»Morgens sitze ich da und lese die Lokalzeitung, selbst über Dinge, die mich früher gar nicht interessiert hätten. Dann folgen die Politiknachrichten auf meinem Tablet, aber selbst dann sind erst zwei Stunden rum und es wird wirklich öde«, berichtet ein Mann, der seit einem Jahr in Rente ist und nun in seinem schönen Haus sitzt, körperlich und geistig fit, aber ohne eine wirkliche Aufgabe.

Menschen wie ihm droht die Altersdepression, eine echte und vor allem dramatische Mangelerkrankung, die auf Bedeutungsverlust basiert, wie Welt.de schon 2009 mit Berufung

76

auf verschiedene Neurowissenschaftler berichtet.[16] Dieser Bedeutungsverlust basiert auf fehlender Anerkennung, fehlender Wertschätzung und abnehmenden Sozialkontakten. Das habe erhebliche negative Auswirkungen auf den Stoffwechsel: Die Synthese von wichtigen Botenstoffen wie Dopamin, das unerlässlich ist für die menschliche Motivation, ist zunehmend rückläufig, Negativstresshormone und Angstboten wie Cortisol und Noradrenalin hingegen werden zunehmend mehr produziert. Wer gegen diese Depression nichts unternimmt, der kann davon handfest krank werden.

Aus dem Vollen schöpfen

Es ist also gut und wichtig, nach vorne zu blicken und gut zu überlegen, wie es die nächsten Jahre weitergehen kann. Wer es sich finanziell leisten kann, wird endlich frei von allem Druck neue, ehrenamtliche Aufgaben übernehmen können, andere, die hinzuverdienen müssen, finden so vielleicht eher eine interessante Teilzeittätigkeit, als wenn sie gestresst und frustriert die Stellenanzeigen durchforsten.

Realismus aber mit Esprit – Schlagzeuglernen mit 50 plus

Denn wer es bis hierher durch alle Höhen und Tiefen geschafft hat, der hat gute Chancen, auch die nächsten Jahre aktiv zu gestalten – die Generation Babyboomer ist in den westlichen Industrieländern im Verhältnis zu ihren Vorfahren so gut aufgestellt wie noch nie.

Viele haben als Kind ein Instrument gelernt – und irgendwann

---

16 https://www.welt.de/gesundheit/article5562551/Depression-die-Krankheit-mit-dem-Mangel-an-Sinn.html

ist es in der Ecke gelandet und verstaubt. Mit Ende 50 noch zum Konzertstar zu reüssieren, dürfte ziemlich unwahrscheinlich sein; die wenigen Ausnahmen, die ab und zu in den sozialen Netzwerken und im Privatfernsehen auftauchen, bleiben Ausnahmen. Dennoch hat sich die Teilnehmerin eines Lebensteppichseminars ein Schlagzeug gekauft, um das sie mancher Jugendliche beneiden würde. Die Teilnehmerin hat erkannt, dass es keinen Zweck hat, der Vergangenheit hinterher zu trauern, und hat jetzt das Beste aus ihrer Vorgeschichte herausgeholt. Möglicherweise profitiert sie davon sogar über eine viel längere Zeitspanne, als das damals in ihrer Kindheit möglich gewesen wäre. Friedrich der Große spielte bis zu seinem 72. Lebensjahr Querflöte, dann fielen ihm altersbedingt die Zähne aus, das lässt sich heute vom Dentisten unseres Vertrauens beheben.

Revolutionäres Potential

Ein aktives Leben voller Gestaltungsmöglichkeiten jenseits der 60 war bislang eher die Ausnahme und nicht die Regel. Doch mit dem 21. Jahrhundert ist alles anders geworden. Das ist neu in der Menschheitsgeschichte und hat revolutionäres Potential. Die Babyboomer sind daher die Pioniere einer neuen Zeit.

Dass sich da etwas verändert hat, zeigt ein ganz pragmatisches Beispiel. Kürzlich beschloss eine Zeitung in Mittelhessen, dass 80. Geburtstage von stadtbekannten Größen nicht mehr berücksichtigt werden. Die Begründung: Es gäbe inzwischen zu viele dieser Geburtstage, 80 zu werden sei normal. Weil Zeitungen aber immer nur das Ungewöhnliche berichten, muss man bei diesem Blatt inzwischen mindestens 90 Jahre alt werden, um durch den Besuch eines Reporters beehrt zu werden.

78

Die Lebenserwartung steigt

Die Lebenserwartung des Einzelnen steigt also. Ein Vergleich mit der Generation unserer direkten Vorfahren verdeutlicht dies auf anschauliche Weise[17].

Im Deutschland des Jahres 1960 lag das durchschnittliche Sterbealter der Männer bei 67 Jahren und das der Frauen bei 72. Das ergab nach Eintritt ins Rentenalter eine Lebenserwartung von einigen wenigen Jahren. Beruflich blieben sie oft ihrer Firma ein Leben lang treu, wenn sie nicht durch äußere Umstände gezwungen wurden sich zu verändern, etwa durch die großen Kriege des 20. Jahrhunderts und die Diktaturen, durch die sie größten Verwerfungen und Veränderungen ausgesetzt waren. Das wollte mit Fleiß und Durchhaltevermögen bewältigt werden. Beruflich aber blieb das Leben eher berechenbar, anders konnten es sich die Menschen damals nicht vorstellen. Einmal Maurer, immer Maurer, einmal Straßenbahnfahrerin, immer Straßenbahnfahrerin, einmal Lehrer, immer Lehrer. Das galt unter jeweils etwas anderen Vorzeichen in der Bundesrepublik genauso wie in der DDR. Danach noch ein paar Jahre auf der Parkbank sitzen und die Enkel bestaunen – dann war Schluss. Diese Generationen waren jenseits der 60 körperlich verbraucht und die Medizin war noch nicht so weit wie heute.

Auf dieser seinerzeit »zuverlässigen« Sterbeerwartung beruht unser Rentensystem, seit es im vorvorigen Jahrhundert eingeführt wurde. »Sicher« ist bei den Renten aber inzwischen nur noch, dass man mit 35 Jahren Einzahlung ins System nicht eine weitere größere Lebensspanne finanzieren kann. Aus diesen Gründen muss das Alter also von immer mehr Menschen auch beruflich aktiv gestaltet werden und viele müssen sich eine Erwerbsquelle

---

17 Daten diesem Portal entnommen: https://www.worldlifeexpectancy.com/country-health-profile/germany

über das Renteneintrittsalter hinaus erschließen, wenn sie einen bestimmten Lebensstandard halten wollen. Wie sich das in anglo-amerikanischen Lebensumständen widerspiegelt und in der einen oder anderen Form auch uns erreichen könnte, schildern die Autoren Scott und Gratton, die explizit darauf hinweisen, dass jeder eigene finanzielle Rücklagen bilden muss und auch über die Renteneintrittaltersgrenze hinaus arbeitsfähig bleiben sollte, weil die eigentliche Rente nicht ausreichen wird, um einen angemessenen Lebensabend zu finanzieren[18].

12 Jahre – ein Pfund, mit dem sich wuchern lässt

Das ist für viele in der eigenen Vorstellung eine echte Herausforderung, es bietet aber auch nie gekannte Chancen. Das durchschnittliche Sterbealter in Deutschland lag im Jahr 2015 für die Männer bei 79 und für die Frauen bei 83 Jahren – Tendenz steigend. Das heißt, dass im Zeitraum von 1960 bis 2015 für Männer und Frauen gut ein Dutzend Jahre effektive Lebenszeit hinzugekommen sind.

Zwölf Jahre, ein Pfund, mit dem sich wuchern lässt. Denn »12 Jahre passiv auf einer Gartenbank abzusitzen, käme fast einer lebenslänglichen Gefängnisstrafe gleich«, wie der Teilnehmer eines Lebensteppichseminars einmal erschrocken feststellte. Zum Vergleich: 12 Jahre dauert es, bis ein Baby zum Teenager heranreift. 12 Jahre vergehen von den ersten Schreibversuchen in der Schule bis zum Abitur. Das Leben ist mit 28 in der Regel komplett ein anderes als mit 40 Jahren und das wiederum ein anderes als mit 52.

---

18 Gratton, Lynda & Scott, Andrew: The 100-Year-Life, Bloomsbury Publishing Plc, London, New York, 2016, S. 153

80

Ein Dutzend Jahre nehmen auf dem Lebensteppich fast zwei komplette Siebenjahresabschnitte ein – eine immense Zeitspanne. Es lohnt sich also, diese Zeit nicht einfach auf sich zukommen zu lassen, sondern aktiv in Angriff zu nehmen. Mehr noch, es scheint dringend ratsam.

Unterstützt wird diese These auch von wissenschaftlicher Seite. So beschreibt der schon auf Seite 30 zitierte Prof. Hans-Werner Wahl und Vorgänger von Prof. Cornelia Wrusz an der Universität Heidelberg, die die Studie zum Lebensteppich erstellt hat, das Alter als »die längste Lebensphase«[19]. Die Phase zwischen 60 und 80 klassifiziert Wahl dabei als die »junge Phase des Alterns«[20] und ruft allen Generationen gleichermaßen ins Bewusstsein, »dass auch die Jüngeren sich frühzeitig auf das Alter und die lange Altersphase einstellen müssen«[21].

Die Babyboomer als mögliche Trendsetter

Diese aktive Gestaltungsarbeit muss die Generation Babyboomer völlig aus sich heraus entwickeln. Dabei hat sie gute Chancen, selbst als Vorbild und Trendsetter in die Geschichte einzugehen. Die bisher festgefügten, geradlinigen Lebensmuster sind aufgeplatzt und bieten neue, bisher nicht gekannte Herausforderungen, aber auch ganz andere Möglichkeiten. Die digitale Dienstleistungsgesellschaft des 21. Jahrhunderts lebt von Flexibilität und denkt in Projekten. Das, was die Millenials schon mit der Muttermilch aufgesogen haben, müssen die Babyboomer

19 Wahl, Hans-Werner: Die neue Psychologie des Alterns – Überraschende Erkenntnisse über unsere längste Lebensphase, Kösel-Verlag, München, 2017
20 ebenda, S. 10
21 ebenda, S. 9

noch lernen, aber sie haben gute Chancen, dies zu bewältigen: Ausbildung, Arbeit, Umschulung, Arbeit, Familienphase, Weiterbildung, andere Arbeit – die Lebensumstände bleiben radikal im Wandel.

Vom Wählscheibentelefon zum E-Commerce

Na, und? Die Generation Babyboomer ist darin geübt. Sie ist noch mit Wählscheibentelefon und drei Schwarzweißprogrammen in der »Flimmerkiste« aufgewachsen. Heute wickelt sie ihre privaten Kontakte, ihre Einkäufe und ihr Informationsbedürfnis ganz selbstverständlich über das Smartphone ab. Sie hat miterlebt, dass ganze Berufsgruppen innerhalb einer Generation ausgestorben sind (wie etwa im Druckgewerbe der Setzer oder im Büro die klassische Stenotypistin). Diese Generation kann es nicht aus der Bahn werfen, wenn wir in absehbarer Zeit in selbstfahrenden Autos unterwegs sind, dies natürlich per Sprachsteuerung, während der eigene Opa früher noch von der Fahrt im Pferdefuhrwerk geschwärmt hat. Und während wir uns daran erinnern und gleichzeitig die nächste Fahrt im Smartcar per Handy klarmachen, kredenzt der smarte Kaffeevollautomat per Gesichtserkennung je nach Stimmung des Nutzers einen Café Latte oder einen Espresso Doppio. Wir leben länger und dank der vielen technischen Neuerungen fällt vieles leichter, bis hin zu sogenannten Skelettrobotern, die den alternden Bewegungsapparat des menschlichen Körpers in Gang halten, wie heute schon ein E-Bike (früher Fahrrad mit »Hilfsantrieb«), das das Radfahren leichter macht. Vielleicht fällt es der Generation Babyboomer daher gar nicht so schwer, den Eintritt ins Renten- und Pensionsalter aktiv zu gestalten, und als neues Projekt anzusehen – es ist nur menschheitsgeschichtlich ungewohnt. Aber das waren Autofahren und Fliegen vor hundert Jahren auch einmal.

Die »Es lohnt sich nicht mehr«-Falle

Doch die Freude an allerlei Erleichterungen reicht nicht. Der Schalter im Kopf will umgelegt werden, lieber heute als morgen. Das zeigt sich immer wieder in Gesprächen rund um die Lebensteppichseminare. Nicht wenige geraten in einen Abwärtsstrudel des Pessimismus, weil sie zu oft gesagt haben: »Es lohnt sich nicht mehr, jetzt etwas anzufangen, weil ich schon zu alt bin.« Manche sagen dies mit 63 Jahren und sagen es mit 69 immer noch: »Hätte ich doch damals angefangen, dies oder jenes zu tun, aber jetzt lohnt es sich nicht mehr.« Sie sagen es mit 76 noch einmal und mit 82 erst recht – rund 20 Jahre später, nachdem dieser Satz zum ersten Mal gefallen ist und nun wirklich nicht mehr viel Spielraum bleibt.

»Hätte ich damals Italienisch gelernt, hätte ich nach Italien fahren können«, berichtet ein älterer Gesprächspartner. »In dieser Zeit hätte ich Land und Leuten kennen- und lieben lernen können.« Abgesehen davon, dass man auch ohne Italienischkurs den Turm von Pisa begutachten und im Schatten des Kolosseums seine Pasta dank diverser Übersetzungs- und Sprach-Apps in perfektem Italienisch bestellen kann – der Mann umschreibt deutlich, um was es im Kern geht: Statt sich seine Träume zu erfüllen, hat er sich mit seiner Resignation selbst im Weg gestanden. Zwar weiß kein Mensch, ob er zwanzig weitere, aktive Jahre geschenkt bekommt, aber die Wahrscheinlichkeit, dass dies tatsächlich geschieht, ist eben inzwischen allein schon statistisch relativ hoch.

Eine Vision kennt keinen Renteneintritt

Doch natürlich kann man sich viele Träume erfüllen und dabei dennoch eine gewisse Leere erleben. Italienisch lernen, damit man einmal im Jahr im Hotel an der Rezeption die Zimmernummer auf »perfekt Einheimisch« nennen kann – das ist schön, aber ist es schon eine echte Erfüllung. Wo bleibt da der tiefere Sinn?

Alternsforscher sagen immer wieder, dass neben gesunder Ernährung und stabilen Sozialkontakten eine sinnstiftende Aufgabe mit dafür entscheidend ist, in welchem Zustand ein Mensch wie alt wird. Erst ein wirklich valides Ziel, eine echte Aufgabe treibt Menschen an, lässt sie ihre Wehwehchen vergessen und macht sie erfinderisch.

Die meisten älteren Menschen wollen laut einer Studie der Universität Wuppertal, die im Februar 2019 veröffentlich wurde[22], nicht bis zum gesetzlichen Rentenalter arbeiten. Aber vielleicht meint die Studie auch mehr die klassische Erwerbstätigkeit im engen Korsett eines Angestelltenverhältnisses. Durchaus verständlich für jemanden, der sein Leben lang eine relativ gleichförmige Tätigkeit verrichtet hat oder für jemanden, der einen körperlich schweren Beruf ausüben musste. Doch es gibt auch die anderen, für die gar nicht nachvollziehbar ist, warum mit 65 oder 67 Jahren der Hammer fallen und das Laptop zugeklappt werden soll.

Die Begeisterung als Motor

Dies betrifft vor allem Bereiche, in denen sich Menschen maximal entfalten können und bei denen Beruf und Berufung, Neigung und Arbeit fast überganslos ineinander verschmelzen. Menschen, die ein bestimmtes Ziel, eine eigene Mission verfolgen: Geisteswissenschaftlerinnen, Politiker, Theologen und natürlich Künstler. Den hochbetagten Kabarettisten Dieter Hildebrandt sah man bis kurz vor seinem Ableben auf der Bühne,

---

22 Meldung aus Tagesschau.de vom 24.02.2019

84

sein Kollege Gerhard Polt ist mit Mitte 70 weiterhin präsent, der Berliner Künstler und »Baumpate« Ben Wargin ist noch mit 90 Jahren täglich in den Räumen seines Ateliers im kreativen Schaffensprozess, unterstützt von zwei Helfern, die ihm die körperlich schweren Arbeiten abnehmen. Alle genannten haben etwas gemeinsam: Eine Vision oder Mission, etwas, das sie der Welt unbedingt weitergeben wollen. Oder weil sie eine Tätigkeit ausüben, die ihnen einfach Freude bereitet. So wie die Schauspielerin Shirley MacLaine oder die Jazz-Sängerin Annie Ross, die im Jahr 2017 erst mit Mitte 80 ihr letztes Konzert in einem New Yorker Musik-Club gab. Für manche Werke braucht man sogar viel Zeit und viel Lebenserfahrung, bevor man sie umsetzen kann. So ist Goethes Faust II erst als Alterswerk möglich geworden. Der Dichterfürst fokussiert in diesem Stück alle Erkenntnisse, die er im Laufe seines Schaffens erworben hat – nur so konnte das Werk zu »dem Klassiker« und zu »dem Synonym« deutscher Bühnenkunst schlechthin werden.

Weitermachen, weil es Spaß macht

Auch im Geschäftsleben gibt es diese Longplayer. Wie Albert Darboven, Jahrgang 1936, der weiterhin als geschäftsführender Inhaber seines Kaffeehandelshauses tätig ist, oder Kurt Dohle, Jahrgang 1935, der immer noch einen Sitz im Beirat der Dohle-Handelsgruppe hat, oder der Textilhersteller Wolfgang Grupp, Jahrgang 1942, der sein mittelständisches Familienunternehmen in Burladingen nach wie vor mit großem Engagement leitet, weil Arbeit für ihn »einfach Hobby« ist, wie er in Interviews immer wieder gerne zum Besten gibt. Ebenfalls in diese Reihe gehört auch der 90-jährige Senior in einem alteingesessenen Glaserei-Familienbetrieb im Osten Deutschlands, der bis vor kurzem noch mehrmals die Woche ins Haus kam, um spezielle, knifflige Restaurierungsarbeiten an alten Fenstern durchzuführen (Redaktionsschluss Mai 2020).

Japaner leben es vor

Was im deutschsprachigen Raum aber immer noch für die breite Masse wie Zukunftsmusik klingt, ist in Japan längst Alltag. Dort überlegt die Regierung aktuell (Frühjahr 2020), das Rentenalter auf 70 Jahre zu erhöhen. Doch das dürfte die Japaner kaum schockieren. Schon 2017 berichtete die ZEIT in einem längeren Artikel darüber, dass viele Japaner über das Renteneintrittsalter hinaus ganz normal weiter berufstätig seien[23], im Gegensatz zu den westeuropäischen Dienstleistungs- und Industrienationen, in denen die Menschen tendenziell noch vor dem eigentlichen Renteneintrittsalter versuchen, ihre Erwerbstätigkeit zu beenden. Dies läge zum einen daran, dass Japan mit die höchste durchschnittliche Lebenserwartung auf der Welt habe. Doch es kämen noch weitere Faktoren hinzu: so gut wie kein Zuzug junger Arbeitskräfte von außen und eine starke Überalterung der Bevölkerung. Der wichtigste Motor für das hohe Alter der Beschäftigten aber sei, dass Japaner von ihrer konfuzianistischen Grundeinstellung her ohnehin ein hohes Arbeitsethos hätten; allerdings zwängen sie auch die niedrigen Renten dazu, länger erwerbstätig zu bleiben. Ökonomischer Druck und Weltbild sind also in Japan dafür verantwortlich, dass ältere Menschen integraler Bestandteil der Arbeitswelt bleiben.

---

23 https://www.zeit.de/2017/35/japan-senioren-arbeit-rente-geld

Greta Silver: Zu jung fürs Alter

Und dann gibt es diejenigen, die noch einmal etwas völlig Neues beginnen. Positive Beispiele dafür gibt es inzwischen einige. So etwa die 72-jährige YouTuberin Greta Silver[24], die seit einigen Jahren versucht, Menschen ihres Alters aus dem Sessel zu reißen. Silver berichtet in ihren Videoclips mit einer Mischung aus Optimismus und Pragmatismus, wie sich ihre Generation sinnvoll in die Gesellschaft einbringen kann, etwa indem sie sich an Beratungs- und Unterstützungsprogrammen für kleine Firmen oder Familien im In- und Ausland beteiligt. Dabei habe ihre Generation den anderen »eine Schatzkiste voller Erfahrungen« voraus und ein »großes Kontingent an Zeit«. Das Leben ab 65 ist für die YouTuberin »eine Zeit der Freiheit und eine Befreiung von Zwängen«, weshalb sie sich »einfach zu jung fürs Alter« fühlt, wie das Motto auf ihrer YouTube-Seite lautet. Mit 22.200 Abonnenten zeigt Greta Silver, dass es durchaus eine größere Gruppe von Gleichaltrigen gibt, die sich von der Hamburger Unternehmerin anstecken lassen möchte. Silver selbst hat lange Zeit als Mutter in ihre Kinder investiert und möchte diese Zeit nicht missen, wie sie in einem Interview auf dem YouTube-Kanal »Gedankentanken« erzählt[25]. Danach sei sie dann mit einem ersten Projekt als selbständige Innenarchitektin wieder in die Berufswelt eingestiegen, habe als Model gearbeitet, später als Autorin und so ihr unternehmerisches Denken entwickelt und bis ins Alter ausgebaut.

Ein Allheilmittel gegen drohende Altersarmut ist das Konzept Greta Silver sicher nicht – aber es zeigt, dass der Mut, ungewöhnliche Wege zu beschreiten, durchaus zum Erfolg führen

---

24 https://www.youtube.com/user/zujungfuersAlter
25 https://www.youtube.com/watch?v=jAyqhFyoEcs Gedankentanken,
    IV mit Greta Silver, 25.01.2019

kann. Alter, wie Greta Silver es gestaltet, ist jedenfalls kein Abstellgleis. Manche helfen dann auf dem Bau oder bringen ihre Kenntnisse in der Auto-Werkstatt ein, im Büro oder bei anderen Tätigkeiten, ganz nach den eigenen Erfahrungen und der körperlichen Disposition. Einsatzorte für Babyboomer mit Leidenschaft für ihre Aufgabe gibt es genug.

»Golden Mentors« und »Senior-Experts« mit Lebensweisheit

Wenn das Zukunftsinstitut des renommierten Trendforschers Matthias Horx nicht falsch liegt, dann bestehen für die Babyboomer gute Aussichten, auch weiterhin Gehör zu finden. Mit ihrem Erfahrungsschatz können sie laut Horx in einer Gesellschaft, die immer komplexer wird, ordnend und hilfreich wirken und damit wichtige Dienste für die Allgemeinheit liefern.

»Golden Mentors« nennt Horx diese Menschen und erhebt dieses von ihm identifizierte Phänomen zum Megatrend der 2020er Jahre[26], also zu einem der großen Zukunftsszenarien. »Der Golden Mentor sieht die großen Zusammenhänge und betrachtet die Dinge stets in einem größeren Zusammenhang«, schreibt Horx. »Er vermag zu beurteilen, was gerade wichtig ist und für welche Werte es sich lohnt zu kämpfen.« Dieses Wissen nennt Horx in einer Welt, die »zunehmend fluide« ist, Lebensweisheit. Und so beschreibt er den Golden Mentor als jemanden, der im besten Sinne des Wortes souverän über den Dingen steht und in unruhigen Zeiten aufgrund seiner Urteilskraft Kurs halten kann. Solchen Menschen misst Horx einen großen Wert bei – im Wirtschaftsleben aber auch in der Gesellschaft. Und so-

---

26 https://www.zukunftsinstitut.de/artikel/lebensstile/lebensstile-zu-den-wichtigsten-megatrends-der-2020er/

mit untermauert auch Horx unsere These: Babyboomer werden gebraucht.

Einen praktischen Beleg dafür liefert neben vielen anderen Angeboten der Senior-Expert-Service[27], eine Stiftung der deutschen Wirtschaft mit Sitz in Bonn. Der SES hat nach eigenen Angaben seit 1983 rund 45.000 Menschen in Entwicklungs- und Schwellenländer entsandt, damit sie dort an der Ausbildung von Jugendlichen und am Aufbau von Firmen oder Verwaltungsstrukturen mitwirken. Auf die bundesdeutsche Gesamtbevölkerung gerechnet, ist das zwar nicht viel, aber ein wichtiger Dienst und ein guter Anfang. Es dürfen gerne noch mehr werden. Im Ausland aber auch in Deutschland selbst.

Fazit: Egal in welchem Alter – es lohnt sich, sich neu berufen zu fühlen, berufen zu lassen, anzupacken und mutig nach vorne zu gehen. Mit dieser Haltung stellt sich die verzagte Frage »Was soll ich nur machen« nicht mehr. Der Lebensteppich ist im Kern eine Haltungsarbeit und damit der Kraftstoff zum Abheben. Die Teilnehmer der Lebensteppichseminare wissen, dass dafür gar kein langer Anlauf nötig ist, sondern nur der feste Entschluss, wirklich zu starten und einfach die folgerichtigen Schritte zu gehen. Und davon profitieren schließlich alle: man selbst, aber auch die anderen.

---

27 https://www.ses-bonn.de/startseite.html

7

INTERVIEW: MENSCHEN HOFFNUNG FÜR DIE ZUKUNFT GEBEN

Thomas Oetzmann zur Entstehung und den Zielen des Lebensteppichs

Thomas Oetzmann hatte als Coach schon einige Jahre Erfahrung. Dabei konnte er Menschen helfen, neue Perspektiven namentlich für ihre berufliche Tätigkeit zu finden. Doch eines Tages kam er bei einem Teilnehmer nicht weiter, weil dieser einfach keinen Zugang zu seinen positiven Eigenschaften finden konnte. Dies ließ dem Coach keine Ruhe. Irgendeine Möglichkeit musste es geben, dem Mann aus der Krise zu helfen. Daraus wurde die Geburtsstunde des Lebensteppichkonzepts, wie Thomas Oetzmann hier im **Interview mit Andreas Odrich** berichtet. Außerdem gibt er Einblicke in die Seminararbeit und berichtet darüber, wie Menschen, die schwere Krisen in ihrem Leben bewältigen mussten, die positiven und hilfreichen Momente in diesen Krisen identifizieren und für die Zukunft bewahren können.

Die Idee zum Lebensteppich-Konzept ist aus einer Notsituation heraus entstanden, warum haben die Konzepte, die Sie bislang verwendet hatten, nicht gegriffen?

Thomas Oetzmann: Ja, das war wirklich eine verrückte Situation. Ich bin schon eine ganze Weile mit Coaching-Konzepten zur Persönlichkeitsentwicklung unterwegs gewesen und hatte mir einen soliden Erfahrungsschatz erarbeitet. Doch eines Tages kam ich in einem Einzelcoaching an meine Grenzen. Ich hatte gemeinsam mit meinem Teilnehmer eine ganze Reihe von Stärken und Gaben herausgearbeitet, mit denen er eigentlich konstruktiv seine Zukunft hätte planen können. Doch das Merkwürdige war, dass er sich an seinen Gaben und Möglichkeiten nicht freuen konnte, und aus dem, was wir erarbeitet hatten, wurden keine Schritte für ihn sichtbar. Das hat mich nicht ruhen lassen.

Kann so etwas nicht jedem Coach gelegentlich passieren, nobody is perfect?

Das stimmt natürlich. Aber für mich hing mehr daran. Das hatte mit meiner Vorgeschichte zu tun. Nachdem ich einen großen Teil meines Berufslebens im internationalen kaufmännischen Bereich zugebracht hatte, hatte ich bedingt durch eine Aufgabe, die zu Ende gegangen war, den Beschluss gefasst, nun noch einmal eine andere Gabe in den Mittelpunkt zu stellen, nämlich die, andere Menschen zu coachen und zu begleiten. Das hatte mir schon immer Freude bereitet und ich wollte dies unbedingt zu meiner Profession machen, um damit die letzten Berufsjahre noch einmal in besonderer Weise positiv zu befüllen. So gab es einen längeren Entscheidungsprozess, für mich als Christ auch vor Gott, bis der Entschluss gereift war und ich ihn umgesetzt hatte. Somit dachte ich, dass ich nun tatsächlich an der richtigen Stelle angekommen wäre. Und so hatte ich schlicht nicht

92

damit gerechnet, dass ich vor so eine Herausforderung gestellt werden würde, auf die meine bisherigen Lösungskonzepte nicht passten.

Wie haben Sie letztlich doch eine Lösung für die scheinbar verfahrene Situation gefunden?

Ich versuchte, die Situation nüchtern zu analysieren. Was war mit meinem Gesprächspartner passiert und warum ging es hier nicht weiter wie gewohnt? Ich wusste, dass ich am nächsten Morgen eine Lösung brauchte. Irgendwann kam mir der Gedanke, dass ich den Mann zwar rational erreicht hatte, aber emotional hatte ich es nicht geschafft, ihn anzusprechen. Eine positive Haltung kann man eben nicht verordnen. Er nahm seine Gaben und Möglichkeiten zwar zur Kenntnis, es fehlte aber das Feuer, der entscheidende Funke, um bei ihm Leidenschaft und Begeisterung für die Zukunft zu wecken.

Wie haben Sie versucht, seine intrinsische, also innere Motivation doch noch zu wecken?

Ich würde es als eine Art Eingebung oder Charisma im richtigen Augenblick bezeichnen und ich bin Gott dankbar, dass es an diesem Abend dazu gekommen ist. Denn schließlich hat sich daraus ja ein komplettes Konzept entwickelt. Ich habe mir überlegt, wie ich bei dem Mann die positiven Emotionen doch noch wecken kann. Ich habe mich selbst beobachtet und festgestellt, dass ich positive Emotionen oft aus der Vergangenheit gewinne, wenn ich mich an gute Situationen erinnere.

93

Wie sind Sie dadurch auf den Lebensteppich gekommen?

Ich habe als Kind zusammen mit meiner Großmutter Teppiche geknüpft. Die Atmosphäre und das handwerkliche Tun beim Teppichknüpfen ist mir ein Leben lang wohltuend in Erinnerung geblieben und war für mich immer so eine Art Triebkraft, etwas Positives zu gestalten. Das Teppichknüpfen ist ja ein kreativer Prozess, gepaart mit Durchhaltevermögen. Man muss Reihe für Reihe vorgehen, bis man am Ende einen Teppich vor sich hat und sieht, was man geschafft hat. Daran musste ich in diesem Moment wieder denken. Und so entstand das Bild eines Teppichs als Symbol für das Leben vor meinen Augen, der sich quasi jedes Jahr um eine Reihe erweitert. Mit der nötigen Geduld entsteht mit der Zeit ein Muster und irgendwann kann man mit einem gewissen Stolz, oder nennen Sie es Dankbarkeit, auf diesen Teppich schauen und mit einer gewissen Vorfreude und einer gewissen Neugier die nächste Reihe anknüpfen, was gar nicht so schwer ist, weil man darin ja schon Übung hat.

Warum haben Sie in dem Lebensteppichkonzept die Erinnerungen an negative Erlebnisse bewusst ausgeklammert, sie gehören doch nun mal zum Leben dazu?

Selbstverständlich. Das Fatale daran ist, dass negative Erinnerungen schneller abrufbar sind und uns diese Erinnerungen leicht in eine Angst- oder Frustphase führen, die uns in die Opferrolle drängt. Aus dieser Haltung heraus kann ich aber nichts Neues entwickeln, weil ich dann gefangen bin in einem Käfig voller Momente, in denen ich vermeintlich gescheitert bin. Oder ich fange an, falsche Glaubenssätze wie diese abzurufen: »Egal, was ich anpacke, es geht sowieso schief.« Ich garantiere Ihnen, dass Ihnen mit dieser Grundhaltung Ihr ganzer Mut abhandenkommt. Es wird Ihnen nur noch schwer etwas in den Sinn kommen, was Sie positiv anpacken und gestalten möchten. Das entzieht Ihnen sämtliche Kraft.

Wie haben Sie es denn selbst geschafft, mit Herausforderungen umzugehen?

Wenn Sie als junger Kaufmann das erste Mal in einer Filiale stehen, die Sie leiten müssen, dann warten auf Sie ständig neue Aufgaben. Für die haben Sie selbst noch keine fertigen Lösungen und es gibt auch noch keine Erfahrungen, an die Sie routiniert anknüpfen können. Da hilft nur so etwas wie Gestaltungswille und der Mut, etwas auszuprobieren. Sei es im Umgang mit den Kunden, den Mitarbeiterinnen oder gegenüber dem Mitbewerber. Die Hauptsache ist, dass man lernwillig bleibt, dann kann man gleich beim nächsten Mal an seine Erfahrungen anschließen.

Das klingt schon ein bisschen wie die Idee vom Teppichknüpfen.

Genau. Wenn wir uns unserer Lebenshistorie bewusst sind und vor allem unserer eigenen Wirksamkeit, dann kann uns das beflügeln. Und deshalb starren wir beim Lebensteppich nicht auf die Krisen, sondern wir fragen, wie wir die Krisen bewältigt haben und welche Lernschritte wir dabei gegangen sind. Das gibt Mut und Zuversicht, auf die Zukunft zu schauen und bewusst neue Ziele und neue Wünsche zu formulieren. Das belegen auch aktuelle Erkenntnisse der Traumatherapie. So hat die Traumatherapieforscherin Prof. Dr. med. Luise Reddemann aus Karlsruhe herausgefunden[28], dass das Erkennen und das

---

28 Reddemann, Luise: »Who You Were before Trauma«, The Experiment, LLC, New York, 2020

Nutzen der eigenen Ressourcen zur Bewältigung von Trauma-
ta Blockaden löst und zu neuer Unbeschwertheit führt. Und
genau diese Dynamik nutzen wir beim Lebensteppich auch.

**Braucht man dazu nicht aber auch grundsätzlich Ent-
deckerfreude?**

Mit Entdeckerfreude fährt man immer gut. Aber letztlich ist sie
gar nicht so exotisch. Sie will eigentlich nur wieder geweckt werden. Schauen Sie: Veränderungen bestimmen doch von Geburt
an unser Leben. Vom Säugling zum Krabbelkind, vom Krabbelkind zur Laufphase. Daran können wir uns aktiv gar nicht mehr
erinnern. Aber letztlich machen wir in unserem Leben permanent Lernphasen durch. Als Kind sind wir anders als mit 20, mit
Mitte 40 oder gar mit 80.

**Das sagen Sie, aber viele fühlen sich doch dann am
wohlsten, wenn alles an seinem gewohnten Platz bleibt.**

Ja, gleichzeitig lieben wir die Stabilität. Aber es bleibt ja nie etwas wie es ist. Leben ist permanentes Lernen. Wenn ich das als
Chance begreife und nicht als Bedrohung, dann kann ich immer
noch etwas Neues entdecken.

**Und wie ist daraus dann der erste Lebensteppich ent-
standen?**

Ich habe an diesem Abend tatsächlich den ersten Lebensteppich hergestellt, einfach aus ein paar DIN-A-Blättern, die ich an-
einandergereiht habe. Das Teppichmuster habe ich mit Stiften
skizzenhaft markiert.

96

Konnte er denn damit etwas anfangen?

Ich bin sehr dankbar, dass ich tatsächlich seinen positiven Emotionshaushalt erreichen konnte. Es war ja erstmal nur ein Versuch. Aber er begann tatsächlich zu überlegen, was ihm in seinem Leben Freude bereitet hat, was er fortgeführt hat, aber auch, was bislang zu kurz gekommen war und was er immer noch verwirklichen wollte. Das hat er dann mit Symbolen in meinen provisorischen Lebensteppich eingefügt. Die Ideen, die er daraus entwickelte, erschlossen sich für ihn fast logisch aus dem, was er aufgemalt hatte. Das Gute ist ja, dass ein paar Striche für die Symbole genügen. Die Symbole, die er in das Muster einfüllte, musste letztlich ja nur er selbst verstehen und seine eigenen Schlüsse daraus ziehen.

Aber ist es nicht für manche schwierig, ihr Innerstes nach außen zu stülpen und Ihnen anzuvertrauen?

Ja, manche Teilnehmer haben Angst davor. Zumal dann, wenn der Besuch so eines Lebensteppichseminars von anderen an sie herangetragen wurde.

> Firmen nutzen die Lebensteppichseminare zuweilen als Instrument der Personalentwicklung, wenn in ihrem Haus ein größerer Veränderungsprozess stattfindet und sich die Jobbeschreibungen für den Einzelnen erheblich verändern oder neue Aufgaben auf ihn warten.

Es ist eine Chance, wenn sich Mitarbeiter fragen, wo stehe ich eigentlich in meinem Leben, was macht mein Leben stark und freudvoll und wie kann ich das in den Veränderungsprozess meiner Firma einbringen. Es geht darum, dass die Firma ihren Mitarbeiterinnen und Mitarbeitern die Möglichkeit einräumt, innezuhalten und zu überlegen, welche Gaben sie zukünftig einbringen könnten. Ich bin wie jeder Lebensteppichcoach nur derjenige, der Sie in diesem Prozess anleitet, der das Konzept erklärt, für die nötige Ruhe und einen geschützten Rahmen sorgt. Was der Mitarbeiter danach mit seinem Personalbereich oder seinem Vorgesetzten bespricht, wird ihm überlassen.

Wie muss ich mir so ein Lebensteppichseminar grundsätzlich vorstellen?

Ein wesentlicher Teil des Seminars ist von Stille geprägt. Jeder soll die Möglichkeit haben, ganz zu sich selbst zu finden. Die Coaches halten sich während dieser Phase ganz im Hintergrund, sind aber als Prozessbegleiter immer verfügbar.

Dennoch gibt es dann einen Gesprächsteil.

Den brauchen wir im Anschluss für eine Hörrunde. Jeder kann berichten, was er entdeckt hat, sei es im Einzelcoaching, sei es in einer Gruppe von maximal acht Personen. Aber jeder dosiert ganz allein, was er preisgeben möchte und was nicht. Die meisten Teilnehmer möchten aber etwas erzählen, weil sie durch die Reflexionsarbeit positiv angeregt wurden.

Sind denn wirklich immer alle positiv gestimmt? Kommt es denn nie vor, dass jemand wütend oder verzweifelt über seine Vergangenheit ist? Verlangt Ihr Konzept nicht geradezu, dass mein Leben bislang erfüllt und positiv verlaufen ist. Ist das nicht völlig unrealistisch?

Das könnte man meinen. Aber das Lebensteppichseminar ist nicht dazu angetan, uns etwas vorzumachen. Es geht in keiner

98

Weise darum, die Ereignisse zu beschönigen oder Schlechtes in Gutes umzubiegen. Natürlich habe ich Menschen im Seminar, die wirklich kein einfaches Leben hatten. Insbesondere fällt mir da eine ältere Teilnehmerin ein. Sie hatte Schweres durchgemacht und konnte sich kaum an etwas Gutes erinnern. Das hat sie ihr Leben lang belastet. Und gerade deshalb wäre es doch schön gewesen, dieses Gepäck abzulegen. Sie hatte doch alles Recht der Welt, sich Dinge zu erschließen, die ihr Freude machen.

Gibt es nicht wirklich auch Grenzen?

Ja, solche Extremsituationen gibt es. Ich habe zum Beispiel mit einem Mann gearbeitet, der mit einem Boot über das Mittelmeer geflüchtet ist. Der Mann konnte nicht weitermalen, als er an die Stelle kam, an der die Flucht im Boot passierte. Er hatte wieder die Bilder vor Augen, wo Menschen um ihn herum ertranken. Auch sein Freund, mit dem er die Flucht bis dahin gemeinsam durchgestanden hatte, ertrank vor seinen Augen. Ich habe versucht, die Schilderung der Ereignisse durch Aushalten und Zuhören zu würdigen. Als er sich wieder gefasst hatte, habe ich ihn gefragt, was ihm in dieser Situation geholfen hat. Er sagte dann, dass er gebetet habe. Damit konnten wir schließlich wieder behutsam auf seinen Lebensteppich einschwenken. Der Mann hatte für das Gebet noch kein Symbol. Das hat er dann entwickelt und eingetragen. Danach wurde es zu einem wichtigen Symbol und tauchte immer wieder auf, und zwar gerade immer dann, wenn er an Situationen gekommen war, wo er perspektivisch nach vorne denken musste.

Aber der Lebensteppich ist keine Therapiemethode.

Auf keinen Fall. Er ist ein Werkzeug, um planerische Gedanken in Gang zu setzen. Wir können und wollen das Leben nicht an einem Nachmittag professionell therapeutisch aufarbeiten. Und so gibt es auch Menschen, die wir ablehnen müssen. Das sind Interessenten, die sich zurzeit in einer Psychotherapie oder psychiatrischen Behandlung befinden. Eine gesundheitliche Beratung können und dürfen wir nicht leisten. Die Betroffenen müssen sich auf ihre professionelle Therapie konzentrieren können. Der Lebensteppich versucht lediglich, eine Brücke herzustellen zu den guten Aspekten unseres Lebens.

Wir haben schon über verschiedene Lebenslagen und Altersklassen von Teilnehmern gesprochen – für wen ist der Lebensteppich gedacht, braucht man bereits eine umfangreiche Vergangenheit oder kann man schon früher ansetzen?

Einsetzbar ist der Lebensteppich für alle Altersklassen von Mitte 20 bis 60 plus. Im Prinzip überall dort, wo sich Umbrüche abzeichnen. In jungen Jahren ist es die Berufswahl überhaupt oder die Frage, ob ein Auslandsaufenthalt die richtige Entscheidung ist. Im Alter um die 40 Jahre fragen sich viele, ob sie jetzt nicht einen Schnitt setzen und sich beruflich noch einmal neu orientieren, sei es bei einem neuen Arbeitgeber oder mit einen anderen Tätigkeitsschwerpunkt. Und dann um die 60 ist es die Vorbereitung auf die Zeit der Pension und die Gestaltungsfreiheit, die damit einhergeht, die eben aber auch sinnvoll vorbereitet werden will.

Gerade in den ersten Lebensphasen steht aber das Berufsleben noch gar nicht zur Debatte, da drehen sich die Neigungen und Erlebnisse doch automatisch um die persönlichen Gaben – wie sehr zielt der Lebensteppich da eigentlich auch in andere Zusammenhänge als nur Richtung Berufsleben?

Man kann den Lebensteppich privat und beruflich einsetzen. Entweder gleichzeitig oder auch mit je einem eigenen Schwerpunkt. Auch für Ehepaare oder junge Leute, die im Begriff stehen, zu heiraten, ist die gemeinsame Arbeit am Lebensteppich sehr kostbar. Jeder füllt dabei seinen eigenen Lebensteppich aus und im Anschluss entwickelt das Paar gemeinsame Szenarien für die Zukunft. Das geht für junge Leute sehr gut, um sich besser kennenzulernen und besser einschätzen zu können, was sie voneinander erwarten dürfen, was sie gemeinsam, aber auch bewusst einzeln machen können, ohne darüber in Streit und Irritation zu geraten. Der Lebensteppich eignet sich genauso für erfahrene Paare, die sich vornehmen, nicht einfach in die Altersphase unkoordiniert hineinzuschlittern, sondern gemeinsam eine gute Zeit zu planen. Auch eignet sich der Lebensteppich in extremen Stressphasen. Ich hatte schon Teilnehmer, die in einer Hyperstressphase merkten, dass sie keine Hobbys oder Kontakte zu Freunden mehr pflegten, obwohl sie dies als Ausgleich gerade jetzt dringend gebraucht hätten.

Wem begegne ich denn als Teilnehmer, welche Art Coaches stehen mir denn gegenüber?

Wo Lebensteppich draufsteht, muss auch Lebensteppich drin sein. Wer Coach werden will, der durchläuft ein Qualifizierungsseminar. Grundvoraussetzung für jemanden, der Lebensteppich-Coach werden will ist, dass die- oder derjenige im Umgang mit

Menschen in solchen Settings erfahren ist. Am besten in einem entsprechenden Beruf wie Psychiater, Therapeut, Sozialarbeiter, Pädagoge und Menschen, die bereits mit anderen Coachingmodellen als Berater unterwegs sind.

Was geschieht, nachdem der Lebensteppich ausgefüllt wurde, wie steuern Sie das Ziel, ein Stück Zukunft zu planen, genau an?

Es folgt ein Gesprächsblock. Das ist im Einzelcoaching genauso wie im Gruppencoaching der Fall. Jeder Teilnehmer erzählt aber nur, wenn er möchte und was er möchte. Weder der Coach noch die anderen Teilnehmer dürfen das bewerten, weder die Teilnahme an sich und auch nicht das Gesagte. Es dient mehr der Vergewisserung über die eigenen Gaben, bevor es dann in die Zukunftsplanung geht.

In dieser Phase markieren die Teilnehmer einmal ihr Pensionsalter oder das Lebensjahr in dem sie als Selbständige in den Ruhestand gehen wollen. Dann markieren die Teilnehmer aber auch noch, wie alt sie werden möchten, warum haben Sie gerade letzteres miteinbezogen?

Ich unterschlage die Tatsache, dass unser Leben ein biologisches Ende hat, bewusst nicht, weil es dazu gehört. Wir sprechen dabei nicht über das Sterben, sondern wir sprechen darüber, dass die Zeitspanne, die ich vital gestalten kann, endlich ist. Irgendwann werden wir deutlich mit unseren Kräften abnehmen, das ist nun mal so.

102

Die Endlichkeit unseres Lebens überhaupt in den Blick zu nehmen oder gar zu akzeptieren, ist in unserer Gesellschaft völlig untypisch. Wir sind mit unserem Menschenbild auf die »jungen Wilden« fixiert, auf das Positive dieser jugendlichen Dynamik, aber das andere, das Älterwerden, blenden wir aus. Deshalb gibt es bislang auch keine wirklichen Konzepte, wie wir mit einer immer länger werdenden agilen Lebensphase umgehen. Wir muten uns beim Lebensteppich daher ganz bewusst zu, einmal auf das Ende zu schauen, nur sanft und mit Watte ummantelt, aber da ist schon ein harter Kern drin, den niemand wegdiskutieren kann.

Aber es gibt dennoch einen Unterschied zu manchen ganz furchtbaren Apps, die sich als Lebensplanungsberechner anbieten. Man gibt bei diesen Apps bestimmte Parameter ein und die App errechnet aus diesen Daten das vermeintliche Sterbedatum. Das halte ich für absolut schädlich. Deshalb sprechen wir nur von Szenarien und von einem Wunschalter. Dabei kommt es auch zu spannenden Entdeckungen. Wenn ein 60-Jähriger gerne 90 Jahre alt werden möchte, wird ihm auf einmal deutlich, dass noch einmal ein komplettes weiteres Drittel an Lebensspanne vor ihm liegt. Das verlangt geradezu ein planvolles Vorgehen im Blick auf die weiteren Vorhaben des Teilnehmers, aber zum Beispiel auch auf die Gesundheitsvorsorge.

Sie haben selbst eine Zeit in Japan gelebt. Wie haben Sie gerade die älteren Menschen dort erlebt, sind diese tatsächlich so integriert in die Gesellschaft, wie es Berichte nahelegen?

Ich habe tatsächlich viele biologisch alte Menschen in Japan erlebt, die noch voll integriert waren. Das ist auch kein Wunder,

weil dies zur japanischen Lebensphilosophie gehört. Diese nennt sich Ikigai[29] und meint, dass eine Aufgabe oder gar Berufung anders als bei uns nicht zeitlich begrenzt ist, sondern das ganze Leben über währt. Entweder beruflich oder ehrenamtlich. Da sind z. B. die Schülerlotsen. Anders als bei uns werden diese ehrenamtlichen Dienste nicht von Schülern wahrgenommen, sondern von Senioren. Jeden Morgen stehen sie an den Straßen und sorgen dafür, dass die Kinder sicher zur Schule kommen. Diese Tätigkeit wird dort sehr geschätzt. Und somit sind die älteren Semester integraler Bestandteil der Gesellschaft. Sie werden gebraucht und erfahren Wertschätzung – das motiviert und hält Menschen aktiv und gibt ihnen Selbstvertrauen.

Welche Rückmeldungen bekommen Sie von Ihren Teilnehmerinnen und Teilnehmern auf die Lebensteppichworkshops?

Bei den Lebensteppichworkshops haben wir eine erstaunlich hohe positive Feedbackrate. Wir ermitteln sie über einen Fragebogen zum Abschluss des Seminars. Dort fragen wir: »Würden Sie den Lebensteppich Ihren Freunden empfehlen?« Eine erstaunlich hohe Rate antwortet mit ja. Aber ich beobachte auch, dass Menschen ihre Lebensläufe sehr bewusst verändern. Ein Ehepaar über 50 hat sich entschlossen, sein Haus zu verkaufen, und ist nach Afrika in die Mission gegangen. Ein anderer Teilnehmer hat gesagt, er habe immer nur Lieder für sich alleine komponiert, aber nun wolle er eine CD produzieren. Die Ideen- und Planungsphase können wir beim Lebensteppich aber nur

---

29 Siehe dazu Brinkbäumer, Klaus u. Shafy, Samiha: »Das Kluge, lustige, gesunde, ungebremste, glückliche, sehr lange Leben«, S. Fischer-Verlag, Frankfurt/M, 2019

104

anstoßen. Die Teilnehmer notieren daher eine erste Sammlung und einen ersten Schritt, den wir dann nach ein paar Tagen in einem Telefoncoachingtermin noch einmal besprechen. Dann liegt es an den Menschen selbst, ihren Impulsen Gestalt und Flügel zu verleihen.

Wie würden Sie als derjenige, der das Lebensteppichkonzept entwickelt hat, Ihre Rolle sehen und beschreiben?

Ich unterstütze die Teilnehmer dabei, Achtsamkeit für ihre Stärken zu entwickeln und ihre Freude daran zu wecken. Ich unterstütze sie dabei, Dankbarkeit für die eigenen Gaben zu entwickeln, denn das ist der Motivator für Zukünftiges. Und ich freue mich, wenn diese Dankbarkeit im Seminar tatsächlich aufkommt, weil sie mitunter völlig aus dem Blick geraten war. Einmal hat sogar ein Pastor gesagt, die Teilnahme am Seminar habe ihm geholfen, weil er zurzeit so auf das Negative fixiert war, dass er das Gute gar nicht mehr sehen konnte. Sie sehen also, dass selbst Profis, die dazu da sein sollten, anderen Menschen Hoffnung zu vermitteln, zuweilen selbst einen Impuls brauchen, um für sich wieder eine Perspektive zu sehen.

Und wenn Sie Ihr Anliegen in einem Satz zusammenfassen müssten, was würden Sie da sagen?

Ich unterstütze Menschen darin, Hoffnung für die Zukunft zu bekommen und ihnen zu vermitteln, dass sie die Möglichkeit haben, diese Zukunft aktiv mit ihren Gaben zu gestalten. Wenn sie das erkennen, ist das für mich wunderbar.

8

INTERVIEW: LAUFEN, LIEBEN, LERNEN

Prof. Dr. Cornelia Wrzus zur Studie über das Lebensteppichkonzept

Die Psychologin **Prof. Dr. Cornelia Wrzus** ist Abteilungsleiterin der Abteilung für Psychologische Alternsforschung am Psychologischen Institut der Ruprecht-Karls-Universität Heidelberg und dort seit 2018 tätig. Zuvor hat sie unter anderem an der Universität Mainz geforscht. Kernschwerpunkt ihrer Forschungsarbeit sind Kurz- und Langzeit-Prozesse der Persönlichkeitsentwicklung im jungen und höheren Erwachsenenalter. In ihrem Institut hat sie im Jahr 2019 eine Studie durchgeführt, die sich mit der Motivation der Teilnehmer der Lebensteppich-Seminare beschäftigt. Dabei stellte sich heraus, dass eine hohe Zahl der Teilnehmerinnen und Teilnehmer eine große Zufriedenheit mit ihrem Leben und den Lebensteppichseminaren aufwiesen und gleichzeitig ein hoher Prozentsatz an Veränderung und Weiterentwicklung interessiert ist. Wie Prof. Wrzus diese Ergebnisse einschätzt, hat sie **Andreas Odrich** ergänzend zu ihrer Studie anhand einiger Fragen erläutert.

In Ihrer Forschung untersuchen Sie, wie und durch welche Einflüsse sich Menschen verschiedener Altersstufen in ihrer Persönlichkeit weiterentwickeln. Was hat Sie an dem Lebensteppichkonzept gereizt, dass Sie bereit waren, dies mit einer Studie zu begleiten?

Prof. Wrzus: Das Lebensteppich-Coaching hat eine interessante Vorgehensweise und es finden sich darin viele wichtige psychologische Erkenntnisse zum Thema Persönlichkeitsentwicklung wieder. Zusammen mit Thomas Oetzmann wollten wir untersuchen, ob sich die persönlichen Berichte zum Nutzen des Coachings auch in einer standardisierten Studie zeigen. Das heißt, wir wollten messen, wie sich die Teilnehmer des Coachings aus psychologischer Sicht entwickeln.

Sie haben zunächst konstatiert, dass es eine signifikant hohe Rücklaufquote gegeben hat, worauf ist diese Ihrer Meinung nach zurückzuführen?

Von 250 angeschriebenen ehemaligen Teilnehmern haben 61 % an der Befragung teilgenommen, während bei vergleichbaren Studien meist nur 20-40 % antworten. Die hohe Rücklaufquote ist vermutlich auf die hohe Zufriedenheit mit dem Coaching zurückzuführen – 86 % der befragten Personen haben das Coaching weiterempfohlen.

Die Zahl derer, die sich als zufrieden mit ihrem Leben betrachten, liegt deutlich in der Überzahl. Inwieweit hat dies mit dem Lebensteppichprojekt zu tun?

Das lässt sich leider nicht final beantworten, weil wir die Teilnehmer nicht vor dem Coaching befragen konnten. Die meisten Studien zeigen jedoch, dass Menschen eher unzufrieden sind, bevor sie ein Coaching oder Ähnliches beginnen. Daher könnte man vermuten, dass die hohe Zufriedenheit durch Veränderungen, die durch das Coaching angestoßen wurden, entstanden ist. Unzufriedenheit ist meist der Anlass, etwas ändern zu wollen; zufriedene Menschen sehen oft keine Notwendigkeit für Änderungen – auch wenn Außenstehende das vielleicht anders sehen.

Die Rückläufe zeigen, dass sich eine hohe Zahl der Teilnehmerinnen und Teilnehmer ihrer positiven Eigenschaften durchaus bewusst ist. Inwieweit hat dies mit dem Lebensteppichprojekt zu tun oder handelt es sich hier von vornherein um ein positives Selbstbewusstsein?

Auch das lässt sich nicht sicher beantworten. Hier würde ich beides vermuten, wiederum basierend auf anderen Studien. Personen, die aufgeschlossener und optimistischer sind, sind meist eher bereit sich weiterzuentwickeln. Gleichwohl kann das Coaching positive Eigenschaften weiter verstärken.

Wir sagen in diesem Buch, dass der Umbruch das Normale im Leben eines Menschen ist. Sie beschäftigen sich in Ihrer Forschungsarbeit mit den Biographien von Menschen und dem Älterwerden. Wieweit deckt sich ihre Erfahrung mit unserer These?

In der Entwicklungspsychologie bezeichnen wir Umbrüche als Transitionen oder Übergänge und tatsächlich sind viele Transitionen normativ, d. h. »normal« für die meisten Menschen. Persönlichkeitsentwicklung findet meist an diesen Transitionen statt; vermutlich, weil man mit neuen Herausforderungen konfrontiert ist und (mit-)bestimmen kann, wie man damit umgeht.

Anders als unsere Vorfahren haben wir jenseits der 60 noch einmal eine größere Gestaltungsfläche zur Verfügung. Inwieweit wird diese Möglichkeit von den Menschen denn schon genutzt?

In der deutschen Generali Altersstudie aus dem Jahr 2016 haben 29 % der 65-69- Jährigen und immerhin 13 % der 70-75-Jährigen angegeben, weiter zu arbeiten. Interessanterweise waren das eher Personen mit höherem Einkommen und aus selbstständigen und leitenden Tätigkeiten. Diese Personen scheinen also vermutlich nicht unbedingt aus finanziellen Gründen weiter zu arbeiten, sondern möglicherweise um weiter aktiv zu sein und sich einzubringen.

Fühlen sich die Menschen durch diese Gestaltungsmöglichkeit tendenziell eher positiv herausgefordert (neue Chancen) oder eher überfordert (Darf ich denn niemals ausruhen)?

Das kommt sicher auf die individuellen Bedürfnisse und bisherigen Lebenserfahrungen an. Für die meisten Menschen ist es wichtig, weiterhin aktiv an der Gesellschaft teilzunehmen; das kann beispielsweise über berufliche, ehrenamtliche oder freizeitbezogene Aktivitäten sein. Dabei muss man natürlich als Gesellschaft vorsichtig sein, nicht das Bild und die Erwartungen zu vermitteln, dass alle älteren Menschen gleichermaßen aktiv und umtriebig sein müssen.

Welches sind die größten Hindernisse, etwas Neues zu beginnen und dies auch noch in einem höheren Alter zu tun?

Zum einen können das sogenannte »Altersstereotype« sein, im Sinn von »Dafür bin ich zu alt«, oder auch wenn andere äußern

»Bist du dafür nicht zu alt?!«. Zum anderen können auch erste körperliche und geistige Veränderungen erschweren, Neues zu beginnen. Für die meisten Menschen ist es oft schwerer, mit 60 eine neue Sprache zu lernen als mit 20 Jahren. Das heißt aber nicht, dass man es nicht machen sollte, nur weil es schwerer ist und länger dauert. Vielleicht hat man dennoch viel Freude an der neuen Tätigkeit, wenn die ersten Hürden überwunden sind.

Was sehen Sie als altersgerechte Möglichkeit an, sich sinnvoll jenseits der 60 zu betätigen?

Das ist individuell sehr verschieden. Die meisten Menschen haben Freude an Dingen, die sie früher schon interessiert haben, für die vielleicht in den Jahren zuvor wenig Zeit war. Menschen, die eher neugierig und aufgeschlossen sind, haben vielleicht auch Interesse neue Dinge auszuprobieren. Forschung zum »guten Altern« zeigt, dass körperliche Aktivitäten, wohltuende Beziehungen und geistige Anregungen dazu beitragen, möglichst lang eigenständig und bei gutem Wohlbefinden zu leben – etwas salopp wurde es mal mit den Schlagwörtern »Laufen, Lieben, Lernen« zusammengefasst.

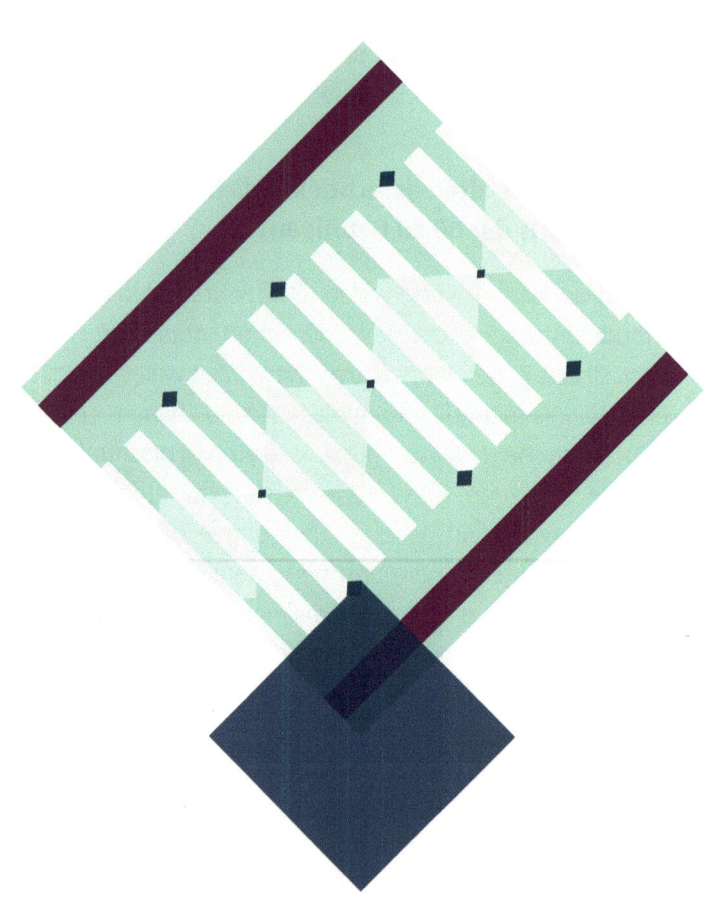

9

WER VOM LEBENSTEPPICH PROFITIEREN KANN

Einzelpersonen: Alle, die prüfen möchten, ob noch mehr geht im Leben, die nicht stehen bleiben wollen, sondern mit Entdeckerfreude gerne neue Wege gehen. Dies geht in Einzelworkshops oder in Gruppen, als Präsenzworkshop vor Ort oder alternativ online.

Paare: Alle, die sich nicht nur alleine, sondern ganz bewusst gemeinsam auf den Weg in einen neuen Lebensabschnitt machen wollen. Dies geht als Paarworkshop in einer Präsenzveranstaltung oder online.

Firmen: Alle Firmen, die ihre Mitarbeiterinnen und Mitarbeiter gut mitnehmen und integrieren wollen in Veränderungsprozesse und beim Aufbruch in die Zukunft, mit dem Ziel, die intrinsische Motivation der Mitarbeiterinnen und Mitarbeiter zu fördern. Dies geht als Einzel- und als Gruppenworkshop in Präsenz vor Ort.

Coaches und Trainer: Der Lebensteppich-Workshop lässt sich einsetzen als

- singuläres Angebot
- als Angebot mit einem nachträglich vereinbarten Umsetzungscoaching
- als Anwendungseinheit innerhalb eines mehrmoduligen Seminarprogramms
- oder als Auftakteinheit für ein mehrmoduliges Seminarprogramm.

Die Zertifizierung ist buchbar über
xpand Stiftung
Regionalbüro Biburg
Christine Engst
Telefon: +49 (0)231-84010062
E-Mail: c.engst@xpand.eu
Internet: https://xpand.eu/de

114

10

NÜTZLICHE ADRESSEN UND BÜCHER

Im Folgenden einige Hinweise auf Bücher und Angebote, die Ihnen weiterhelfen könnten. Für die einzelnen Angebote können wir keine abschließenden Qualitätsurteile abgeben. Diese Liste soll lediglich eine Anregung zum Weiterarbeiten für unsere Leserinnen und Leser sein.

DER LEBENSTEPPICH

Der Lebensteppich

LEBENSTEPPICH ist eine eingetragene Marke der
Oetzmann International GmbH
Thomas Oetzmann
Salzstr. 1
21335 Lüneburg
Telefon: +49 (0) 4131 6089 036
E-Mail: mail@oetzmann-international.com
Internet: https://www.lebensteppich.de

Beispielprojekt Exodus-Initiative

Ein Beispielprojekt, bei dem der Lebensteppich eingesetzt wird, ist die Exodus-Initiative für Menschen in Ost-Europa. In vielen Ländern dort werden sie oft auch bei qualifizierten Tätigkeiten

117

schlecht bezahlt. Dies führt wiederum zu einem geringen Selbstwertgefühl. Die Exodus-Initiative will ihnen dabei helfen, den eigenen Selbstwert wieder zu entdecken. Im Rahmen dieses Programms ist der Lebensteppich ein wichtiges Modul.
https://www.exodus-initiative.org

EHRENAMTLICHE TÄTIGKEIT

Ehrenamtsakademien

Sie vermitteln Kontakte und Kenntnisse für Menschen, die sich gerne in einem Ehrenamt engagieren wollen und entwickeln den Gedanken des Ehrenamtes weiter, wie zum Beispiel die Ehrenamtsakademie der Evangelischen Kirche von Hessen und Nassau:
https://ehrenamtsakademie.ekhn.de/Startseite.html
oder die Akademie für Ehrenamtlichkeit in Berlin
https://www.ehrenamt.de/

Ehrenamt für junge Menschen

Zupacken und für andere da sei, das können junge Menschen in vielen Organisationen. Der Malteserhilfsdienst, die UNICEF oder die Aktion Mensch laden neben vielen anderen Organisationen ausdrücklich dazu ein:
https://www.malteser.de/aware/engagement/junge-menschen-im-ehrenamt.html
https://www.unicef.de/mitmachen/ehrenamtlich-aktiv/junge-leute
https://www.aktion-mensch.de/was-du-tun-kannst/deine-moeglichkeiten/ehrenamt.html
Tipp: Ältere sind hier ebenfalls willkommen

118

Ehrenamt für die mittlere Generation

Menschen, die z. B. als Eltern mitten im Leben stehen, aber natürlich auch Singles oder Menschen ohne eigene Kinder werden mit ihren Erfahrungen gesucht. Zum Beispiel von der Caritas, von der Lebenshilfe oder vom Kinderschutzbund:
https://www.caritas-augsburg.de/engagement/ehrenamtliche-sengagement/ehrenamt/ehrenamt.aspx
https://kinderschutzbund-hamburg.de/ihre-unterstuetzung/
https://www.lebenshilfe.de/mitmachen/freiwilligen-arbeit/

Ehrenamt für Ältere: der Senior Experten Service

Der SES ist als Stiftung der Deutschen Wirtschaft für internationale Zusammenarbeit weltweit tätig. Seine ehrenamtlichen Einsätze finden in erster Linie in Entwicklungs- und Schwellenländern und in Deutschland statt. Menschen mit Berufserfahrung sind hier willkommen:
https://www.ses-bonn.de/startseite

Seniorexperten für Schulen

Seniorexperten für Schulen sucht unter anderem das Bundesland Nordrhein-Westphalen. Hier können sich fachkundige Senioren, die gerne mit Kindern und Jugendlichen arbeiten, unterrichtsbegleitend einbringen:
https://www.schulministerium.nrw.de/docs/Schulsystem/Versuche/Senior-Experten/index.html

BERUFLICHE ENTWICKLUNG UND VERÄNDERUNG

Berufswahl

Hierzu bietet die Arbeitsagentur ein ganzes Portal für junge Leute an, auf dem die unterschiedlichen Berufstypen und zahlreiche Beispielvideos verzeichnet sind. Dazu gehören auch ein Berufswahlcheck und ein Eignungstest. Wer hier weiter stöbert, findet auch für andere Lebensabschnitte Informationen und Angebote: https://www.arbeitsagentur.de/bildung/ausbildung/welche-berufe-passen

Aus- und Weiterbildung

Ein Portal zur Aus- und Weiterbildung bietet das Bundesministerium für Arbeit und Soziales an. Hier kommen die Frage nach der ersten Ausbildung, nach dem dualen System, aber auch das Thema Weiterbildung zur Sprache. Neben vielen kommerziellen Anbietern ein kostenloser und seriöser Service: https://www.bmas.de/DE/Themen/Aus-und-Weiterbildung/ausbildung-weiterbildung.html

Berufsumstieg

Die Deutsche Unfallversicherung hat einen digitalen Wegweiser entwickelt, für Menschen, die ihren Beruf wechseln wollen oder müssen. »Er kann und soll betroffene Personen dazu motivieren, sich rechtzeitig Gedanken über die berufliche Zukunft im derzeit ausgeübten Beruf und in einem möglicherweise neuen Beruf zu machen und die Bandbreite geeigneter Richtungen für einen Berufsumstieg verdeutlichen«, heißt es dazu auf der Homepage. Auch hier zählt der Gedanke, frühzeitig über Wechselszenarien nachzudenken und nicht erst dann, wenn eine Drucksituation

120

auftritt, etwa nach einem Unfall oder einer schweren Krankheit: https://www.dguv.de/job/wegweiser-berufsumstieg/index.jsp

Selbstständigkeit

Auch zum Thema Selbständigkeit gibt es zahllose kommerzielle Portale. Daher auch hier als Basisinformation ein Link zum Bundesministerium für Arbeit, der einen ersten Aufriss bietet: https://www.bmas.de/DE/Service/Medien/Publikationen/Forschungsberichte/Forschungsberichte-Rente/fb514-selbststaendige-erwerbstaetigkeit-in-deutschland.html

BUCHEMPFEHLUNGEN

Diese Bücher haben wir im laufenden Text zitiert und entsprechenden Fußnoten zugeordnet. Sie eignen sich zur Vertiefung der hier angeschnittenen Themen und als Inspiration:

Lebens- und Berufsplanung

Donders, Ch. Paul: Kreative Lebensplanung 3.0, xpand edition, Augsburg, 2018

Müller, Markus: Lebensplanung für Fortgeschrittene, SCM Verlag, Holzgerlingen, 2. Aufl. 2017

Rath, Tom: Entwickle deine Stärken, Redline Verlag, München, 2018, 6. Auflage

Zeylmans van Emmichoven, Vincent G.A.: Bewerben 4.0, Walhalla u. Praetoria Verlag, 2018

Basisliteratur

Guardini, Romano: Die Lebensalter, Verlagsgemeinschaft
topos plus, Kevelar, 13. Auflage, 2008

Gratton, Lynda & Scott, Andrew: The 100-Year-Life,
Bloomsbury Publishing Plc, London, 2016

Reddemann, Luise: Who You Were before Trauma,
The Experiment, LLC, New York, 2020

Specht, Jule: Charakterfrage, Rowohlt Verlag GmbH,
Reinbek, 2018

Wahl, Hans-Werner: Die neue Psychologie des Alterns,
Kösel-Verlag, München, 2017

Inspiration

Brinkbäumer, Klaus u. Shafy, Samiha: Das Kluge, lustige,
gesunde, ungebremste, glückliche, sehr lange Leben,
S.Fischer-Verlag, Frankfurt/M , 2019

Illies, Florian: Generation Golf, eine Inspektion,
Argon Verlag, Berlin, 2000

DANKSAGUNG

Wie dankbar bin ich, dass mich während der Konzeptionierung des Lebensteppich-Konzepts und bei der Entstehung dieses Buches so viele Menschen unterstützt haben. Da sind die Freunde und Kollegen von xpand, die mich bei der Entwicklung des Lebensteppich-Konzeptes so wunderbar begleitet haben. Da ist Professorin Dr. Cornelia Wrzus, die das Lebensteppich-Konzept mit einer Studie wissenschaftlich untermauert hat. Da sind die vielen Kolleginnen und Kollegen, die als Coaches dieses Konzept einsetzen, und Menschen engagiert dabei helfen, sich nach vorne zu entwickeln.

Für die Umsetzung des Buches danke ich Andreas Odrich, der als Autor meine Gedanken mit Geduld und Leidenschaft zu Texten geformt hat, um die Leserinnen und Leser vergnüglich mit dem Lebensteppich-Konzept in Kontakt zu bringen, und seiner Frau, die dafür viel Zeit geopfert hat. Dank an die vielen Teilnehmerinnen und Teilnehmer der Lebensteppich-Workshops und ihre Bereitschaft, ihre Erlebnisse in diesem Buch zu veröffentlichen; leider konnten wir aus Platzgründen nur einige abdrucken, aber jede ihrer Einsendungen macht mich glücklich. Ich danke dem Grafikbüro acht ideen für die hervorragende grafische Umsetzung.

Und ganz besonders danke ich dir, liebe Beate, ohne Dich als Unterstützerin, als Ratgeberin und als Ehefrau, wäre das ganze Projekt nicht möglich gewesen. Allen zusammen sage ich: Es ist, klasse, mit euch unterwegs zu sein. Und ich danke vor allem Gott, der mir diesen Weg ermöglicht hat aus lauter Gnade.

Thomas Oetzmann, Lüneburg, im September 2020